S. Markkandeyan
M. Rajakumaran
A. Dennis Ananth

Algoritmos de aprendizagem automática na classificação de páginas Web

S. Markkandeyan
M. Rajakumaran
A. Dennis Ananth

Algoritmos de aprendizagem automática na classificação de páginas Web

ScienciaScripts

Imprint

Any brand names and product names mentioned in this book are subject to trademark, brand or patent protection and are trademarks or registered trademarks of their respective holders. The use of brand names, product names, common names, trade names, product descriptions etc. even without a particular marking in this work is in no way to be construed to mean that such names may be regarded as unrestricted in respect of trademark and brand protection legislation and could thus be used by anyone.

Cover image: www.ingimage.com

This book is a translation from the original published under ISBN 978-620-7-46595-8.

Publisher:
Sciencia Scripts
is a trademark of
Dodo Books Indian Ocean Ltd. and OmniScriptum S.R.L publishing group

120 High Road, East Finchley, London, N2 9ED, United Kingdom
Str. Armeneasca 28/1, office 1, Chisinau MD-2012, Republic of Moldova, Europe
Printed at: see last page
ISBN: 978-620-8-07707-5

Conteúdo

RECONHECIMENTO

Em primeiro lugar, gostaríamos de agradecer ao Senhor Todo-Poderoso e aos nossos queridos pais pelas suas bênçãos e graças que tornaram este livro um sucesso.

É com muito orgulho que estendemos os nossos sinceros agradecimentos e gratidão ao **VC,** ao **Reitor da SASTRA Deemed University,** à **Anna University e** aos **nossos supervisores de investigação**, que aumentaram a nossa energia durante a conclusão bem sucedida deste livro.

Agradecemos muito especialmente aos **nossos familiares,** pelo seu excelente e substancial apoio para a realização deste livro.

Expressamos os nossos agradecimentos à Editora Académica Lambert, aos colegas e aos nossos amigos pelo seu envolvimento sincero na conclusão bem sucedida do livro.

Markkandeyan. S Rajakumaran. M Dennis Ananth. A Venkatesan. R

CAPÍTULO 1

Introdução à classificação de páginas Web

O mundo atual é um mundo Web. Os motores de pesquisa são amplamente utilizados para pesquisar páginas Web (documentos Web) utilizando palavras-chave específicas e devolvendo uma lista dos documentos Web onde as palavras-chave são encontradas. Os motores de pesquisa Google, Bing, AltaVista, Lycos e Yahoo permitem aos utilizadores procurar páginas Web na World Wide Web (WWW). Cada motor de busca funciona segundo a ordem de rastreio, indexação e pesquisa na Web e utiliza um algoritmo próprio para criar os seus índices, sendo devolvidos apenas os resultados significativos para cada consulta e, por vezes, também devolve páginas Web irrelevantes. Os motores de busca recebem termos ou frases de pesquisa, com os quais recuperam rapidamente resultados da Web. Esta tarefa tornou-se muito difícil, uma vez que as palavras irrelevantes, redundantes e sem sentido nas páginas Web ocupam mais espaço de memória e tempo. A classificação das páginas Web desempenha um papel importante na gestão da informação e na tarefa de recuperação. A classificação automática de páginas Web é um problema de aprendizagem supervisionada e um mecanismo mais poderoso para encontrar as páginas Web relevantes utilizando o motor de busca. Existem várias soluções para o problema da classificação de páginas Web propostas por Qi & Davison (2009), que foram divididas em problemas mais específicos, como a classificação por assunto, funcional, sentimental, género, binária, multiclasse, spam do motor de busca, suave e difícil.

Existem várias técnicas de aprendizagem automática, como Bayes, Functions, Lazy, Meta, Misc, Rules, Trees e avaliadores de caraterísticas (PCA e CSE), e métodos de pesquisa (GS e RS) que também foram propostos para o problema da classificação. Entre estes métodos, são propostas várias técnicas e algoritmos de seleção de caraterísticas para a classificação de páginas Web (Yu & Liu 2003, Wakaki et al. 2006, Indra Devi et al. 2008, Tan et al. 2008 e Bidgoli & Parsa 2012).

No cenário atual, existem mais de 50 mil milhões de páginas Web na Web, que continuam a crescer a um ritmo acelerado (Ba-Alwi & Albared 2016). A Web contém um enorme armazém de dados e vários domínios amplos de dados que são bastante distintos uns dos outros. Cada um destes domínios constitui um subespaço dos dados no qual os documentos são semelhantes entre si, mas bastante distintos dos documentos de outro subespaço. Os dados destes domínios são frequentemente divididos em muitas subcategorias. A classificação de documentos específicos de um domínio é uma tarefa difícil e sofre de baixa eficiência de classificação devido à sobreposição entre subclasses de domínios.

O volume de informação criminal disponível na Web está a crescer exponencialmente. O processo de análise e processamento manual dessas informações é uma tarefa muito difícil. É também do conhecimento geral que os motores de busca de uso geral não estão preparados para fornecer informações específicas sobre um determinado tópico (Samarawickrama & Jayaratne 2011). Para muitas aplicações, é crucial encontrar informação relevante e atempada a partir destes documentos sobre crimes e pode desempenhar um papel central na melhoria das capacidades de combate ao crime. Por conseguinte, grandes quantidades de notícias sobre crimes têm de ser organizadas de forma eficaz. Uma forma de organizar esta vasta quantidade de dados é reunir estas páginas Web de crimes da Internet e classificá-las nas suas categorias adequadas. Estes dados organizados e classificados são importantes para muitas tarefas de recuperação de informação, como a construção ou expansão de diretórios Web (hierarquias Web), a melhoria dos resultados de pesquisa, a construção de motores de pesquisa específicos de um domínio e a ajuda a sistemas de resposta a perguntas. A classificação de páginas Web é a tarefa de classificar documentos de linguagem natural ou páginas Web num conjunto predefinido de categorias a partir de classes ou tópicos predefinidos.

Um dos maiores desafios na investigação sobre a Web é a classificação de textos com base na Web, uma vez que se trata de textos não estruturados ou semi-estruturados e há uma procura crescente de organização e classificação dos documentos electrónicos da Web. Além disso, um grande número de palavras (atributos) está relacionado com as páginas Web. Até à data, têm sido aplicados com eficácia em vários domínios, como a deteção de tópicos (Ghiassi et al. 2012), a classificação de notícias em linha (Lin et al. 2008), a classificação de páginas Web (Holden & Freitas 2004, Ozel 2011), etc. A estrutura de classificação de texto baseada na Web inclui pré-processamento, extração de caraterísticas, seleção de caraterísticas e classificação. Todos os anos, a informação da Web está a aumentar exponencialmente. O Google, o Bing, o Yahoo, etc., indexam cerca de 8 mil milhões de páginas Web (http://www.worldwideWebsize.com). Os pedidos de um grande número de utilizadores são satisfeitos com esta informação. No entanto, quando os utilizadores procuram informações específicas sobre um determinado tema, obtêm demasiados resultados irrelevantes. Muitos investigadores em ciências informáticas estão a trabalhar arduamente para encontrar novas técnicas valiosas e eficazes para fornecer resultados precisos às consultas dos utilizadores. No entanto, a grande quantidade de informação confunde as pessoas que têm dificuldade em encontrar as suas necessidades, o que também expõe a um grave risco de segurança (Choi et al. 2014).

As meta-etiquetas da linguagem de marcação de hipertexto (HTML) são boas fontes de caraterísticas de texto, mas não são muito utilizadas apesar do seu papel na classificação dos motores de busca. No entanto, verifica-se que a maioria das páginas não contém metadados (Pierre 2001). A utilização de HTML para apresentar informações em documentos Web leva as pessoas a gastar mais tempo a compreender as informações (Hwang et al. 2011). Além disso, é um grande desafio, uma vez que as máquinas não conseguem satisfazer os seus requisitos. Atualmente, o formato de documento portátil (PDF) é utilizado para partilhar facilmente os documentos e as informações podem ser armazenadas separadamente. No entanto, este formato dá origem a problemas de fuga de segurança (Castiglione et al.

2010). A extração de palavras de contexto e palavras-chave não é suficiente para detetar actividades relacionadas com o crime. Alguns investigadores utilizam métodos estatísticos como a frequência de termos (TF) ou corpora lexicais baseados no conhecimento, como a WordNet (Salton & Buckley 1988, Kong et al. 2005, Hwang et al. 2011). Com base na frequência das palavras e nas bases de conhecimento lexical, existe uma restrição à taxa de precisão não fiável, uma vez que a linguagem escrita humana é mais do que a frequência das palavras. Foram propostas muitas experiências para que os computadores percebam a linguagem humana (Lewis & Ringuette 1994, Barzilay & Brailovsky 1999, Pavlov et al. 2004, Yu et al. 2008) e assim por diante. No entanto, a compreensão de textos por computadores continua a ser uma tarefa difícil e exigente.

Várias técnicas de aprendizagem automática para problemas de classificação incluem Árvores de Decisão (DT), Bayesian, Redes Neuronais (NN), Máquinas de Vectores de Suporte (SVM), K-Nearest Neighbors (KNN) e Algoritmos Genéticos (GA). Foram efectuados muitos estudos sobre o desempenho destes métodos com base em artigos de newswire gerais. No entanto, os estudos são limitados para a categorização de dados específicos de um domínio em linha, especialmente no domínio da criminalidade. Entre estes, as árvores de decisão, as redes neurais e o SVM são mais adequados para os problemas de classificação, quando o número de caraterísticas é minimizado (Selamat & Omatu 2004, Chen & Hsieh 2006, Wakaki et al. 2006). Assim, é proposto um método de obtenção de palavras semelhantes a partir de documentos de treino relacionados com o crime utilizando a WordNet, a combinação da semelhança de Jaccard e o algoritmo SVM. O desempenho do sistema proposto é comparado com os classificadores Naïve Bayesian (NB), KNN e DT (J48). A semelhança

Jaccard é calculada a partir dos conjuntos de palavras do título e dos termos etiquetados (título, corpo, URL, etc.). Foi realizada uma experiência com quatro tipos de documentos, ou seja, crime, política, terror e desporto. Nesta experiência, o investigador concentrou-se em distinguir os documentos sobre crime utilizando a semelhança de Jaccard (Jaccard 1901), a famosa medida de semelhança.

1.1 Necessidade de classificação automática de páginas Web

A representação das páginas Web é difícil de efetuar diretamente a classificação das páginas Web porque as palavras nos documentos Web são enormes e complexas. A classificação manual das páginas Web é demasiado lenta para manter um catálogo atualizado em função do crescimento da Web. São publicados novos documentos; os antigos são removidos ou actualizados; surgem novas categorias, as antigas desaparecem ou adquirem novos significados. Acompanhar esta evolução por meios manuais é praticamente impossível. A classificação manual não garante por si só a qualidade do catálogo resultante, uma vez que as decisões de classificação são sempre muito subjectivas. Por conseguinte, é necessária uma técnica de classificação automática das páginas Web. Esta conduz a melhores ferramentas de recuperação na Web que dão acesso a grandes quantidades de documentos actualizados, como os motores de busca, com a conveniência adicional de selecionar entre material devidamente organizado, como nos diretórios de classificados.

Esta tese é um estudo analítico, com o objetivo de tentar responder à questão de saber como é que o pré-processamento, a extração de caraterísticas, a seleção de caraterísticas, o processamento de linguagem natural (WordNet), a medição de semelhanças (semelhança Jaccard) e os algoritmos de aprendizagem automática para a classificação baseada em páginas Web podem ser utilizados para efetuar a classificação automática de páginas Web. Estudam-se a extração de caraterísticas, a seleção de caraterísticas, o processamento de linguagem natural, o método de medição de semelhanças, as técnicas e ferramentas de aprendizagem automática para a classificação de páginas Web e selecionam-se alguns métodos. A partir daí, é proposto um método geral para a classificação automática de páginas Web, que é avaliado através da experimentação de conjuntos de dados de referência reais.

1.2 Objetivo e contribuição

O objetivo desta investigação é tentar classificar um método de classificação automática de páginas Web que tenha um bom desempenho em termos de precisão de classificação e de aplicações práticas. O investigador espera que a proposta inspire outros a classificar outros métodos de aprendizagem automática, para além dos estudados, para utilização com o método de classificação proposto nesta tese, e a desenvolvê-lo.

1.3 Estrutura da página Web

Por natureza, as páginas Web são heterogéneas. Podem ser não estruturadas, como os documentos de texto, semi-estruturadas, como os ficheiros HTML, ou totalmente estruturadas, como os ficheiros XML. Podem também conter ficheiros de imagem, ficheiros áudio, etc. Pode não haver uma estrutura ou conteúdo uniforme das páginas Web relacionadas ou das páginas Web do mesmo sítio Web. Algumas páginas Web podem não conter uma única palavra, mesmo na própria página inicial. As etiquetas META são muito úteis para a classificação das páginas Web, mas não estão corretamente definidas em todas as páginas Web. A maioria das páginas Web não contém estas etiquetas META e algumas fornecem etiquetas TITLE e DESCRIPTION para ajudar a classificar a página Web.

Pode variar em comprimento e conter palavras de paragem, etiquetas HTML, palavras pouco frequentes, símbolos de pontuação, etc., o que reduz a exatidão da classificação e exige mais armazenamento e tempo para a classificação. Estas palavras menos úteis podem ser removidas durante a classificação da página Web. Os termos mais úteis para a classificação são selecionados a partir das páginas Web, sendo designados por "caraterísticas". Existem muitos algoritmos de seleção de caraterísticas bem definidos para selecionar as caraterísticas relevantes da página e estas são utilizadas para treinar os classificadores em categorias. Pode ser representada de diferentes formas. A forma mais simples de representar uma página Web consiste em extrair caraterísticas (palavras) que se encontram no elemento BODY. Esta representação não explora as peculiaridades das páginas Web, ou seja, a estrutura HTML e a natureza hipertextual das páginas Web.

1.3.1 Estrutura HTML

Para melhorar a representação da página Web, a exploração da estrutura HTML ajudará a identificar onde os termos mais representativos podem ser encontrados. Por exemplo, um termo contido nas etiquetas <title> e </title> é geralmente mais representativo do tópico de uma página Web do que um termo contido nas etiquetas <body> e </body>. O título da página Web é uma das caraterísticas mais importantes de uma página Web, devido às informações que transmite sobre a página Web num pequeno trecho de texto. Muitas vezes, o título da página Web não é omitido nas páginas Web e encontra-se facilmente na etiqueta <title>, que pode ser extraída e processada através de uma abordagem baseada em texto na investigação. Por exemplo, existem várias fontes (elementos) para a representação de páginas Web:

- BODY, a parte do corpo de uma página Web;
- TITLE, o título de uma página Web;
- H1~H6, títulos de secção;
- EM, conteúdo realçado;
- Uniform Resource Locator (URL), as hiperligações podem conter um descritor para as páginas Web ligadas. Se for possível extrair palavras-chave de um URL, essas palavras-chave são relativamente importantes.
- META descreve a meta-descrição de uma página Web. É invisível para os utilizadores da navegação na Web, mas pode fornecer a descrição, as palavras-chave e a data de uma página Web.

1.4 Representação de páginas Web

No seu trabalho, diferentes investigadores utilizam diferentes métodos de representação de páginas Web. São os seguintes:

1.4.1 Modelo de espaço vetorial

O modelo de espaço vetorial é um dos modelos mais fáceis; é utilizado um vetor para representar o texto, enquanto as frequências são representadas como os seus componentes. Para indicar a existência de texto, são utilizadas caraterísticas binárias em vez das frequências. O modelo de espaço vetorial é utilizado como um dos principais métodos de classificação de textos e de recuperação de informações. Para a formação de classificadores em aplicações de aprendizagem automática, é utilizado um vetor para representar os documentos e cada caraterística é associada a um peso de termo (Salton & Buckley 1988). Este modelo é utilizado para indicar o número de caraterísticas no corpus de treino (ou a dimensão de um vetor). Uma página Web é normalmente representada por um vetor $vi = \{wf_1 , wf_2 ,...,wfS\}$, em que cada wf_i representa o peso de uma caraterística da página Web e S representa a dimensão do espaço de caraterísticas. As categorias predefinidas são designadas por um conjunto C= $\{cl1, cl2,...,clN\}$, em que cada cli é uma etiqueta de categoria e existem N categorias desse tipo. As três principais representações do modelo de espaço vetorial são:

1) Modelo de espaço vetorial booleano
2) Modelo de espaço vetorial de frequência inversa de documentos
3) Modelo de espaço vetorial de contagem de frequências

1) Modelo de espaço vetorial booleano

Neste modelo, "1" é utilizado para representar a presença de uma palavra num documento e "0" é utilizado para representar a ausência. Onde d1, d2, d3, ... representa o documento1, documento2, documento3 e assim por diante e w1, w2, w3, ... representa a palavra1, palavra2, palavra3 e assim por diante. Para um exemplo

	w1	w2	w3	w4	w5	w6	w7	...
d1	1	0	0	1	0	0	0	
d2	0	1	0	0	1	0	1	
d3	0	1	1	0	0	1	0	
d4	1	0	0	0	0	0	0	
d5	0	0	0	1	0	1	0	

2) Modelo de espaço vetorial de frequência inversa de documentos

Nesta representação do modelo de espaço vetorial, é especificado o número de documentos em que uma palavra ocorre.

w1	w2	w3	w4	w5	w6	w7	...
4	0	8	21	5	0	1	

3) Modelo de espaço vetorial de contagem de frequências

A contagem de frequência de cada palavra é especificada em cada documento utilizando esta representação de modelo. Para um exemplo

	w1	w2	w3	w4	w5	w6	w7	...
d1	1	0	6	10	0	0	9	
d2	2	5	4	0	1	0	6	
d3	5	1	1	8	0	1	0	
d4	1	2	0	0	2	0	1	
d5	0	4	3	1	7	1	0	

1.4.2 Saco de palavras (BOW)

A representação por saco de palavras é aquela em que uma página Web é representada por um vetor de N palavras-índice ponderadas. A teoria básica da representação por saco de palavras é que cada palavra do documento representa um conceito no documento. Formalmente, uma página Web é representada por um vetor vi com palavras f_1 , Γ_2 ,.. .J'N como caraterísticas, cada uma das quais associada a um peso wij. Ou seja (Equação (1.1)),

$vi = (fi1, fi2, fi3, ., fiN)$ (1.1)

em que N é o número de palavras de indexação e wij ($1{<=}j{<=}N$) é o peso da palavra fj na página Web vi .

determinar os pesos dos termos numa página Web. Para definir o peso wj do termo fj numa página Web, a forma mais simples é considerar a ocorrência binária, como na Equação (1.2)

Wj = 1 {se o termo $_{tj}$ é encontrado na página Web

$$0 \quad \{\text{caso contrário} \quad (1.2)$$

1.4.3 Representação do sentido da palavra

Uma mesma palavra pode ter diferentes significados. Por exemplo, a palavra "banco" pode representar o banco financeiro ou a margem de um rio. Isto tem um efeito importante na representação do saco de palavras ou do saco de termos, uma vez que considera apenas a ocorrência da palavra e negligencia o facto de uma palavra poder ter significados diferentes na mesma página ou em páginas diferentes. Ao utilizar os sentidos das palavras como caraterísticas de um vetor de páginas Web, uma página Web $_{vi}$ é representada na Equação (1.3) como

$$vi = (\ wi1, \ wi2, \ wi3, \ ., \ wiN \ ) \quad (1.3)$$

em que $_{wij}$ é o peso do sentido da palavra sj (1≤ j ≤ N) na página Web $_{vi}$.

1.4.4 Frequência de termos e frequência inversa de documentos (TF-IDF)

A Frequência de Termos e Frequência Inversa de Documentos (TF-IDF) é um dos métodos de ponderação de termos mais bem sucedidos (Salton & Buckley 1988). O produto de dois termos, nomeadamente, a importância local do termo (TF) e a importância global do termo (IDF) é o TF-IDF. O número de ocorrências de um termo num determinado documento eletrónico é designado por "frequência do termo" (tf). Onde tf pode ser definido como na Equação (1.4)

$$tf \ (ti, \ dj) = \# \ (ti, \ dj) \quad (1.4)$$

em que # $(ti, \ dj)$ representa o número de vezes que $_{ti}$ ocorre no documento dj.

A Frequência Inversa de Documentos (IDF) representa um determinado termo que não está presente noutros corpus; atribui pesos mais elevados. O método de ponderação é dado pela Equação (1.5)

$$Wij = TF \ (tj, \ di).IDF \ (tj) \quad (1.5)$$

1.5 Pré-processamento da página Web

Uma vez que a página Web contém entidades como etiquetas HTML, hiperligações, etc., necessita de uma série de trabalhos de pré-processamento. Os diferentes métodos de pré-processamento para obter melhores resultados são os seguintes:

1.5.1 Remoção de etiquetas HTML

Em geral, os formatos das páginas Web são indicados através das etiquetas HTML. Por exemplo, o conteúdo contido no par <title> e </title> é o título de uma página Web; o conteúdo contido no par <body> e </body> é o corpo de uma página Web. A importância do conteúdo incluído e, por conseguinte, os pesos atribuídos são indicados através das etiquetas HTML. Após a ponderação do seu conteúdo, as próprias etiquetas são removidas.

1.5.2 Remoção de palavras de paragem

As palavras que contêm pouca informação, como preposições, pronomes e conjunções (a, in, an, and, etc.) são conhecidas como palavras de paragem ou palavras frequentes. Estas são removidas comparando o texto de entrada com uma "lista de paragem" de palavras. Deve ser escolhida uma lista de palavras de paragem adequada para o pré-processamento, o que conduz a melhores resultados.

1.5.3 Remoção de palavras raras

Se o número de ocorrências de uma palavra no texto for inferior a um limiar predefinido, a palavra é designada por "palavras raras" ou palavras de "baixa frequência". Normalmente, estas palavras não são de grande ajuda para classificar a página Web e podem ser removidas para reduzir a elevada dimensionalidade.

1.5.4 Efetuar a derivação de palavras

O stemming de palavras é o processo que reduz as palavras derivadas à sua raiz. É completado pelo agrupamento de palavras que têm o mesmo radical ou raiz, como play, playing e played. Esta tarefa é efectuada utilizando o conhecido algoritmo Porter stemmer (Porter 1980). Os processos de terminações morfológicas e flexionais mais comuns das palavras em inglês são removidos por este algoritmo. A sua principal utilização é como parte de um processo de normalização de termos que é normalmente concluído aquando da criação de sistemas de recuperação de informação.

CAPÍTULO 2

Investigação sobre classificação de páginas Web

2.1 Investigação sobre a seleção de caraterísticas

As etapas significativas de pré-processamento no reconhecimento ou classificação de padrões, na extração de dados e na aprendizagem automática são conhecidas como extração ou seleção de caraterísticas. Trata-se de uma técnica eficaz de redução da dimensionalidade e de um método de pré-processamento essencial para remover as caraterísticas de ruído (Krishnapuram et al. 2004).

A ideia fundamental de um algoritmo de seleção de caraterísticas é procurar todas as combinações viáveis de caraterísticas nos dados para encontrar o subconjunto de caraterísticas que funciona melhor para a previsão ou classificação. A seleção é feita reduzindo o número de caraterísticas dos vectores de caraterísticas, mantendo as caraterísticas perceptivas mais significativas e removendo as irrelevantes ou redundantes (Yan & Pederson 1997, Krishnapuram et al. 2004, Yang & Lee 2004, Chen & Liu 1999). Para o problema da classificação de páginas Web, apenas são medidas as caraterísticas representativas e a forma de selecionar essas caraterísticas é um problema de investigação de interesse atual. Existem muitos algoritmos de seleção de caraterísticas ou de extração de caraterísticas.

Um grande número de caraterísticas coloca dificuldades de processamento; mais dados ocupam mais espaço de memória e consomem tempo de computação. Um grande grupo de caraterísticas inclui muitos factores de correlação, o que resulta num ganho lento de informação e num desperdício (Yan & Pederson 1997).

A qualidade das boas caraterísticas deve ser simples, moderada, menos rejeitável e clara (Liu & Setiono 1997, Dong & Yang 2002).

As caraterísticas podem ser divididas em duas grandes classes: caraterísticas na página, que estão diretamente localizadas na página a classificar, e caraterísticas dos vizinhos, que se encontram nas páginas relacionadas de alguma forma com a página a classificar por Qi & Davison (2009).

Bidgoli & Parsa (2012) propuseram um método de seleção de caraterísticas combinado com métodos de filtragem do domínio de amostragem, reamostragem e avaliação de subconjuntos de caraterísticas para reduzir as dimensões de enormes conjuntos de dados e selecionar caraterísticas fiáveis.

Indra Devi et al. (2008) apresentaram um método de seleção e classificação combinadas de caraterísticas para uma categorização eficaz de páginas Web. Utilizaram quatro classificadores de aprendizagem automática, como Cross Validation (CV) Parameter Selection, Logit Boost (LB), Random Committee

(RC) e Voting Feature Intervals (VFI) para melhorar a precisão da classificação. Catak (2015) propôs um método de seleção de caraterísticas baseado em algoritmos genéticos para a classificação de conjuntos de dados de texto de elevada dimensão. O algoritmo proposto reduziu a complexidade de modelação e o tempo de treino dos algoritmos de classificação utilizados na tarefa de classificação de texto. O autor utilizou um algoritmo de otimização meta-heurística baseado em algoritmo genético para melhorar a hipótese do classificador.

Salzberg (1992) e Lu et al. (1996) sugeriram que, para reduzir e obter melhores caraterísticas, se utilizasse uma combinação de mais do que um algoritmo de seleção de caraterísticas.

A aplicação da redução de caraterísticas multidimensionais de CSE, PCA e do classificador de maximização da expetativa não supervisionada (UEM) para o sistema de vigilância por imagem foi introduzida por Tan et al. (2008). Estas técnicas reduzem o tempo de cálculo devido à redução da dimensionalidade das caraterísticas e aumentam ligeiramente a precisão.

Wakaki et al. (2006) descreveram uma técnica de seleção de caraterísticas assistida por conjuntos aproximados para problemas de classificação automática de páginas Web para uma redução de elevada dimensionalidade. A vantagem desta técnica é que não é necessário definir um limiar para a seleção de caraterísticas. Utilizaram um algoritmo de redução rápida com classificadores de aprendizagem automática SVM e C4.5 para melhorar a precisão da classificação.

Yu & Liu (2003) discutiram um conceito de correlação predominante e um método de filtragem rápida que pode identificar caraterísticas relevantes, bem como a redundância entre caraterísticas relevantes, sem análise de correlação de pares.

Leela Devi & Sankar (2015) descreveram um novo método de seleção de caraterísticas utilizando uma otimização por enxame de partículas (PSO) melhorada. Utilizaram o conjunto de dados WebKb para reduzir o número de caraterísticas a utilizar para melhorar a precisão da classificação das páginas Web e também para reduzir o custo computacional.

Liu & Setiono (1996) desenvolveram um algoritmo designado por algoritmo indutivo. Este algoritmo é um modelo probabilístico, para além de ser uma pesquisa exaustiva e uma abordagem heurística.

Liu & Setiono (1997) também propuseram a utilização da análise de componentes principais para obter um novo conjunto de caraterísticas representativas.

Combarro et al. (2005) sugeriram a seleção das caraterísticas significativas através de uma família de abordagens de filtragem linear. As abordagens de seleção de caraterísticas foram a representação de sacos de palavras, abordagens de filtro e de invólucro, frequência de termos, frequência de documentos, frequência de documentos invertida e o ganho de informação que indica a presença ou não de palavras na categoria.

Sharma & Paliwal (2012) desenvolveram um algoritmo de seleção de caraterísticas (ou genes) utilizando a abordagem de classificação Bayes. Este algoritmo de seleção de caraterísticas visa explorar os genes que são cruciais para uma classificação precisa do cancro; também tem significado biológico. O algoritmo de seleção de genes proposto, que utiliza a abordagem de classificação de Bayes, mostra-se capaz de encontrar genes importantes que podem proporcionar uma elevada precisão de classificação em conjuntos de dados de expressão genética de microarranjos de ADN.

Sarac & Ozel (2014) utilizaram um algoritmo de otimização de colónias de formigas (ACO) para selecionar as melhores caraterísticas; aplicaram os conhecidos classificadores C4.5, NB e KNN para atribuir etiquetas de classe às páginas Web. O método proposto reduziu o número de caraterísticas utilizadas para melhorar o tempo de execução e a precisão da classificação das páginas Web. Mostrou também que o algoritmo baseado em ACO proposto pode selecionar melhores caraterísticas em relação aos conhecidos métodos de seleção de caraterísticas de ganho de informação e de qui-quadrado.

2.2 Investigação sobre técnicas de classificação de páginas Web

Liu & Yu (2005) propuseram algoritmos de seleção de caraterísticas para classificação, agrupamento e grupos. Avaliam diferentes algoritmos com um quadro classificado baseado em estratégias de pesquisa, critérios de avaliação e tarefas de extração de dados, que revelam combinações tentadas e fornecem uma estratégia para selecionar algoritmos de seleção de caraterísticas.

Ozel (2011) apresentou um método para o sistema de classificação de páginas Web baseado num algoritmo genético que utiliza termos etiquetados como caraterísticas e obteve a melhor precisão, utilizando o método do algoritmo genético e comparando com outros classificadores NB e KNN.

Meena et al. (2011) propuseram um método que utiliza um algoritmo ACO melhorado para selecionar as melhores caraterísticas para a categorização de texto e comparação com outros métodos de seleção de caraterísticas, como o CHI e o Ganho de Informação (IG). Obtiveram bons resultados exactos.

Chen et al. (2010) apresentaram um método para a seleção eficiente de caraterísticas utilizando KNN. Utilizaram vários métodos de seleção de caraterísticas (frequência de documentos (DF), limiar T, IG, χ^2 (CHI) e informação mútua (MI)).

O método proposto reduziu a complexidade do tempo de computação e obteve melhores taxas de precisão e de recuperação, numa dimensão inferior.

Shibu et al. (2010) propuseram uma técnica para a classificação de páginas Web utilizando a classificação de páginas e a seleção de caraterísticas, e melhoraram a precisão da classificação e o tempo de pesquisa de conteúdos Web.

Bartik (2010) utilizou informações textuais e visuais para encontrar uma representação adequada do conteúdo de uma página Web e o autor propôs vários pesos de termos, baseados em TF ou TF-IDF, para melhorar os resultados.

Htwe (2010) sugeriu os métodos de Raciocínio Baseado em Casos (CBR) e rede neural de retropropagação. Nestes métodos, as páginas Web são transformadas na estrutura em árvore do Modelo de Objectos de Documento (DOM). A partir do modelo de árvore DOM, o padrão de ruído e as páginas com padrões de ruído semelhantes são identificados utilizando o CBR. Estes métodos limpam os dados de ruído das páginas Web de qualquer sítio Web.

Indra Devi et al. (2009) também apresentaram um método para a técnica de otimização de recursos na classificação automática de páginas Web utilizando técnicas integradas de seleção de caraterísticas e de aprendizagem automática para classificar as páginas Web.

Meshkizadeh & Rahmani (2010) introduziram um método de classificação de páginas Web utilizando caraterísticas HTML, URL e caraterísticas de páginas irmãs, combinadas com o algoritmo Bayesiano; as caraterísticas são ordenadas para melhorar a exatidão da classificação das páginas Web.

Choi & Yao (2005) apresentaram um processo típico de classificação de páginas Web que consiste nas seguintes etapas: extração de caraterísticas salientes das páginas Web de treino, criação de um vetor de caraterísticas para cada página Web, redução da dimensionalidade dos vectores de caraterísticas, criação de um classificador através da aprendizagem sobre os vectores de caraterísticas de treino e, em seguida, classificação de novas páginas Web utilizando o classificador.

Vaghela et al. (2014) propuseram uma técnica para a classificação de páginas Web utilizando a frequência de termos. Compararam os classificadores NB, SVM e KNN. Este estudo revelou que o classificador NB é a melhor escolha para os dados de treino para obter bons resultados exactos.

Prabhjot Kaur & Ravneet Kaur (2014) apresentaram um método eficiente para selecionar as melhores caraterísticas para reduzir o espaço de caraterísticas do problema de classificação de páginas Web utilizando uma técnica de otimização, nomeadamente a Computação de Membrana (MC). O método proposto produziu excelentes resultados exactos.

Kenekayoro et al. (2014) desenvolveram um método de aprendizagem automática para classificar automaticamente os tipos de páginas de origem e de destino de hiperligações em sítios Web universitários. Obtiveram uma boa precisão na classificação automática dos tipos de páginas Web e na previsão dos tipos de páginas de destino das hiperligações a partir das caraterísticas das páginas de origem das hiperligações.

Liu et al. (2015) propuseram uma técnica de classificação de páginas Web baseada na função Locality Sensitive Hash (LSH). Este método constituiu três módulos, nomeadamente o dicionário de caraterísticas, o mapeamento de vectores de caraterísticas para impressões digitais utilizando LSH, e a extensão das caraterísticas da página Web. Eles provaram que o método proposto tem melhor desempenho em menos tempo do que o método Naïve Bayes.

Patil & Pawar (2012) utilizaram o algoritmo de aprendizagem automática Naïve Bayesian para classificar sítios Web com base no conteúdo das suas páginas iniciais. Esta abordagem pode ser utilizada pelos motores de busca para uma categorização eficaz dos sítios Web, a fim de criar um diretório automatizado de sítios Web com base no tipo de organização.

Awad (2012) propôs o método para algoritmos de aprendizado de máquina na classificação de páginas da Web. O autor utilizou algoritmos de aprendizagem automática como SVM, KNN e Generalized Instance Set (GIS) para efetuar uma comparação de comportamento nos problemas de classificação de páginas Web, e sugeriu que fosse feito algum trabalho futuro para tentar reduzir o requisito de armazenamento e o custo de teste em lista do GIS.

Tan (2015) descreveu uma abordagem melhorada para a ponderação de termos na classificação hierárquica de páginas Web, nomeadamente o método de ponderação relativa. O autor comparou o desempenho da classificação com uma única etiqueta e várias combinações de etiquetas. Os resultados mostram que o método de ponderação relativa pode efetivamente melhorar a precisão da classificação. É melhor do que o método de ponderação absoluta.

Abdallah & Iglesia (2014) discutiram um método para a classificação de páginas Web com base em URL com modelos de linguagem de n-gramas que fornece precisão competitiva e escalabilidade para conjuntos de dados maiores. Testaram 3 configurações diferentes de classificação de páginas Web: com base na função, no tópico e no idioma para melhorar o desempenho da classificação.

Madhubala & Murugesan (2015) analisaram um método de classificação de páginas Web utilizando SVM e Fuzzy Unordered Rule Induction Algorithm (FURIA). Utilizaram o TF-IDF para a extração de caraterísticas e tentaram identificar Hypernyms (palavras superordenadas) associando-as à aquisição de regras de associação. O método proposto alcançou uma maior precisão e uma maior recuperação quando comparado com a aquisição de regras baseadas na associação.

Materna (2008) descreveu um método de classificação automática de páginas Web em domínios semânticos e a sua avaliação. O método de classificação explora algoritmos de aprendizagem automática e várias ferramentas de processamento morfológico e semântico de texto. O método proposto elimina a falta de informação.

Attardi et al. (1999) apresentaram a nova técnica de categorização automática de páginas Web através da análise de ligações e de contexto. Trata-se de uma abordagem à categorização automática de documentos, que explora a informação contextual extraída de uma análise da estrutura HTML dos documentos da Web, bem como da topologia da Web. Os resultados das suas experiências com um protótipo de ferramenta de categorização são bastante encorajadores.

Goller et al. (2000) propuseram uma classificação automática de documentos. É geralmente definida como uma atribuição baseada no conteúdo de uma ou mais categorias predefinidas de documentos. Normalmente, são utilizadas abordagens de aprendizagem automática, reconhecimento estatístico de padrões ou redes neuronais para construir classificadores automaticamente. Os autores provaram que o SVM é significativamente melhor do que todos os outros métodos de classificação.

Sebastiani (2002) provou que um sistema pericial deste tipo consistiria normalmente num conjunto de regras e cláusulas lógicas definidas manualmente. O documento é classificado numa determinada categoria se satisfizer as regras lógicas ou, pelo menos, uma das cláusulas. Esta abordagem tem o inconveniente do estrangulamento da aquisição de conhecimentos, bem conhecido na literatura sobre sistemas periciais. Nesta abordagem, um engenheiro do conhecimento, com a ajuda de um perito do domínio, define manualmente as regras.

Saeed et al. (2015) descreveram um algoritmo de aprendizagem automática para um conjunto de dados de actividades criminosas para prever atributos e resultados de eventos. Fizeram uma análise comparativa entre diferentes técnicas de classificação e observaram que a classificação Naïve Bayes era mais fiável e mais precisa na análise criminal.

Zhong (2011) analisou a classificação de uma página Web utilizando um conjunto de classificadores SVM. A PCA é utilizada para a redução de caraterísticas e a Análise de Componentes Independentes (ICA) para a seleção de caraterísticas. Os resultados experimentais indicam que a abordagem proposta supera o desempenho de outros classificadores existentes amplamente utilizados na classificação de páginas Web.

Manchanda et al. (2012) apresentaram uma abordagem para a classificação de páginas Web que utiliza as informações HTML presentes numa página Web para a sua classificação. Há muitas formas de classificar as páginas Web em vários domínios. Os autores propuseram uma dimensão inteiramente nova para a classificação de páginas Web utilizando Redes Neuronais Artificiais (RNA).

A Tabela 2.1 que se segue resume o trabalho dos vários autores nesta área de investigação da classificação de páginas Web.

Tabela 2.1 Revisão da literatura na área de investigação da classificação de páginas Web

Abordagem	Padrão de ruído	Etiqueta	Seleção de caraterísticas Método	Classificador	Algoritmo	Exatidão	Conjunto de dados
Ozel (2011)	Palavra de paragem, Palavra comum, etiquetas HTML	HTML	Termo de referência	Naïve Bayes e KNN	Genética Algoritmo	95%	ODP, WEBKB
Meena et al. (2011)	Palavras de paragem, palavras de derivação	-	IG, CHI	Ingénuo Bayes	Melhorado ACO	96%	20 Notícias grupo
Chen et al. (2010)	Vários tipos de publicidade, notas de designers e avisos de direitos de autor e outras informações inúteis	HTML	Frequência de documentos, limiar, IG, X2 (CHI), Mútuo Informações	KNN	KNN Algoritmo	Precisão (75%) e Recuperação (71,43%)	Chinês Páginas Web
Indra Devi et al. (2008)	Palavra de paragem, palavra comum, símbolos de pontuação e etiquetas HTML	HTML	Avaliador métodos & Pesquisar métodos	SVM & Naïve Classificadores Bayes	Algoritmos de seleção de caraterísticas	Macro F para curso (0,99, 0,986) e categoria de aluno (0,921, 0,921)	WEBKB
Shibu et al. (2010)	Palavra de paragem, palavra comum, símbolos de pontuação e etiquetas HTML	META, URL	Classificação da página	-	Classificação da página	-	WEBKB
Wakaki et al.	Etiqueta HTML,	HTML	Seleção de caraterísticas	SVM & C4.5	Algoritmo QUICK	88%	Yahoo [Japão]

(2006)	Morfológica		assistida por conjuntos aproximados		REDUCT		
Meshkizadh et al. (2010)	Etiquetas Html, endereço URL e título da página, palavras de paragem	Etiquetas Html (24 itens), URL	Porteiro Ferrão	Bayesiano	Bayesiano Algoritmo	94.7 % (F- medida)	ODP Base de dados
Htwe (2010)	Banners com ligações, incluindo painéis de pesquisa, anúncios, painel de navegação (lista de diretórios)	Seccionamento, separação de secções, interativo, etiqueta de ancoragem	Raciocínio Baseado em Casos (CBR) e ANN	-	Algoritmo de retropropagação	Dados de teste conhecidos - 99,8%, dados não vistos (conjunto de teste) - 83,7%	Seis sítios Web comerciais e três sítios Web de notícias diferentes

2.3 Pesquisa sobre classificação baseada em texto e similaridade

A análise de texto no contexto da Web é útil para encontrar padrões e relações válidos e não identificados em enormes conjuntos de dados. A análise de texto tem um maior potencial para identificar os documentos de texto desconhecidos baseados na Web. A linguagem escrita humana tem uma limitação, uma vez que é um desafio para a máquina compreender o seu significado semântico. Embora a precisão da classificação seja melhorada pela combinação adequada de domínio e língua, também pode ser degradada por uma combinação inadequada (Uysal & Gunal 2014). Assim, para problemas baseados na classificação de textos em qualquer domínio e língua, os investigadores devem ter em consideração todas as combinações possíveis em vez de as examinarem completamente ou de as activarem ou desactivarem individualmente. Caso contrário, os resultados da classificação podem diferir significativamente.

A classificação do texto persa com base no método de extração de caraterísticas é uma das tarefas mais difíceis, uma vez que o texto persa está geralmente associado a uma vasta gama de caraterísticas significativas ou inúteis. Zahedi & Sorkhi (2013) extraem as caraterísticas mais relevantes e classificam o texto persa. Experimentaram o método PCA juntamente com o critério Recall-Precision e empregaram a frequência dos termos para melhorar o desempenho da classificação do texto.

Os autores (Ghareb et al. 2014) utilizaram uma abordagem de Classificação Associativa (AC) para a classificação e seleção de caraterísticas na classificação de textos árabes. Apresentaram um método integrado de extração de substantivos em árabe com quatro métodos de classificação e seleção de caraterísticas: TF-IDF, frequência de documentos, proporção ímpar e Medida Discriminante de Classe (MDL) e esses métodos produzem uma precisão de classificação satisfatória.

Holden & Freitas (2004) analisaram os méritos e deméritos dos métodos de pré-processamento de texto baseados na linguística para diminuir muitos dos atributos no que diz respeito à extração de conteúdos da Web, tendo utilizado o algoritmo ACO para encontrar a regra de classificação.

Zheng et al. (2003) propuseram um método inovador para reunir exemplos positivos e negativos. Qui-quadrado, coeficiente de correlação, proporção de probabilidades, coeficiente GSS (Galavotti, Sebastiani, & Simi) e duas variantes propostas de graus de probabilidades e coeficiente GSS: Odds Ratio (OR) - square e GSS-square são utilizados separadamente para comparação. O desempenho da filtragem de texto foi melhorado pelo método de seleção de caraterísticas proposto.

Foram efectuados muitos trabalhos utilizando métodos estatísticos para representar os documentos em sequências com significado, como o TF-IDF. Este é o método básico para determinar a importância das palavras no conjunto de dados. Se a quantidade de dados for demasiado pequena, o estado de desempenho baseado no TF-IDF não é aceitável (Li & Guo 2010). Além disso, nesta abordagem, o cálculo do valor do TF-IDF depende do saco de palavras.

Choi et al. (2014) apresentaram um método de análise de texto para detetar artigos relacionados com o terrorismo na Web utilizando a semelhança de palavras com base na hierarquia WordNet e na frequência de dados n-grama.

Loia et al. (2009) estudaram a semelhança de pesos de contexto utilizando mapas semânticos difusos e analisaram a investigação de crimes informáticos. A medição exacta da semelhança semântica entre palavras é um problema importante na exploração da Web, na Recuperação de Informação (RI) e no Processamento de Linguagem Natural (PLN).

Bollegala et al. (2011) propuseram um método empírico para estimar a semelhança semântica utilizando contagens de páginas e fragmentos de texto recuperados de um motor de busca da Web para duas palavras utilizando SVM. Especificamente, definem várias medidas de coocorrência de palavras utilizando contagens de páginas e integram-nas com padrões lexicais extraídos de fragmentos de texto.

A pontuação de similaridade mais utilizada na recuperação de informação é a similaridade de Jaccard (Van Rijsbergen 1979). A fim de separar os documentos de treino em duas classes (relacionados e não relacionados) com maior precisão, é encontrado um valor limite que é utilizado para testar.

A abordagem SVM baseada em palavras-chave de Joachim (1998) é a abordagem de referência. O pré-processamento inclui a tokenização de todos os documentos em palavras únicas, com base numa lista de palavras de paragem predefinida. Os termos comuns que não têm significado semântico (por exemplo, a, of e is) são filtrados, o que leva à redução do tamanho do vetor e do número de palavras únicas.

Singthongchai & Niwattanakul (2013) apresentaram um método híbrido para medir a semelhança de palavras-chave aplicando os modelos Jaccard, n-grama e espaço vetorial para prever a semelhança entre as palavras-chave da consulta e as palavras do índice. Este método pode ser aplicado para desenvolver o desempenho dos motores de pesquisa, especialmente a pesquisa semântica.

Guo et al. (2015) sugeriram um algoritmo de classificação de palavras auxiliares estruturais (SAW) para a classificação de textos chineses. O algoritmo utiliza o efeito de espaço especial do texto chinês, em que as palavras têm uma correlação implícita entre a extração de informações de texto e a categorização de texto para uma correspondência de correlação elevada. Este algoritmo melhora significativamente a precisão e a recuperação da classificação, melhorando obviamente o desempenho da recuperação de informações e proporcionando um meio eficaz de utilização de dados na era da extração de informações de grandes volumes de dados.

Daroczy et al. (2015) utilizaram um método de núcleos de classificação de texto para a previsão da qualidade no conjunto de dados C3. Utilizaram uma grande variedade de métodos para prever aspectos de qualidade das páginas Web, como a filtragem colaborativa e métodos que utilizam metadados do avaliador e da página, bem como o conteúdo da página. Obtiveram o melhor desempenho do método de kernel teoricamente justificado proposto sobre o conteúdo da página e os atributos C3.

Alhutaish & Omar (2015) investigaram a utilização do classificador KNN, com semelhanças Inew, cosseno, Jaccard e dados, para melhorar a classificação de textos árabes. Utilizaram a representação estatística do texto, bag-of-words e character-level3 (3-Gram) para reduzir a dimensionalidade do espaço de caraterísticas e melhorar o desempenho dos resultados.

Riboni (2002) introduziu um novo método para representar páginas ligadas usando informação local que tornou a categorização de hipertexto viável para aplicações em tempo real. O autor testou cinco fontes de texto diferentes para a representação de páginas Web, nomeadamente: BODY, META, TITLE, MT (a união de
META e TITLE) e BMT (a união dos conteúdos BODY, META e TITLE).

Ba-Alwi & Albared (2016) sugeriram um método para encontrar um modelo de classificação adequado para o conhecimento específico do domínio da criminalidade na Web. Utilizaram o método de classificação de dois níveis para a filtragem e classificação de textos sobre crimes em linha. Em cada nível, são investigados três métodos de seleção de caraterísticas (índice de Gini, estatística do qui-quadrado e IG) e três métodos de aprendizagem (KNN, NB e SVM) para melhorar os resultados.

Zhao et al. (2013) propuseram um novo quadro de seleção de caraterísticas que preserva a semelhança de uma forma explícita e rigorosa. Através de uma análise teórica, mostram que a estrutura proposta não só engloba muitos critérios de seleção de caraterísticas amplamente utilizados, mas também supera naturalmente a sua fraqueza comum no tratamento da redundância de caraterísticas. A estrutura proposta atinge um desempenho superior na seleção de caraterísticas e propriedades atractivas.

Este estudo explica os vários métodos de similaridade utilizados para extrair as palavras semelhantes, mas esses métodos não lidam com a palavras semelhantes que representam a exatidão dos documentos; em vez disso, reduzem o esforço humano de leitura de todos os documentos através da apreensão de palavras que exploram os conceitos-chave. As palavras semelhantes, extraídas através da comparação da semelhança Jaccard entre o título e o conteúdo dos termos marcados do documento conhecido, são utilizadas para detetar os documentos Web relacionados com o crime.

CAPÍTULO 3

Identificação de problemas na classificação de páginas Web

O processamento direto de todas as páginas Web para classificação é difícil porque as palavras nos documentos Web são enormes e complexas. A classificação manual é demasiado lenta e, por vezes, impossível de manter um catálogo atualizado devido ao crescimento explosivo da Web. Por isso, é necessário um sistema automático de classificação de páginas Web, de preferência utilizando técnicas de aprendizagem automática.

Normalmente, as páginas Web contêm muitas caraterísticas redundantes ou irrelevantes. Estas caraterísticas podem não fornecer informações úteis em qualquer contexto para a classificação de páginas Web, e um maior número de caraterísticas reduz a exatidão da classificação. A seleção de caraterísticas pode ser caracterizada como uma questão de encontrar o menor conjunto de M atributos significativos que dão maior precisão de classificação. Descreve o conjunto de dados como os N atributos originais, enquanto $M \leq N$.

O problema de investigação consiste em desenvolver algoritmos de aprendizagem automática para a classificação de páginas Web. Com base em exemplos de treino, estes algoritmos classificam as páginas Web com exatidão. Além disso, geram metadados para todas as páginas Web por ele processadas. Também criam novas categorias para além das categorias existentes. As secções seguintes descrevem os problemas de investigação tratados nestes algoritmos.

3.1 Classificação das páginas Web

A classificação de páginas Web pode ser definida como a tarefa de determinar se uma página Web pertence ou não a uma categoria. Formalmente, $C = \{c_1 ,...,$ $cK\}$ é um conjunto de categorias predefinidas, $D = \{d_1 ,..., dN\}$ é um conjunto de páginas Web a classificar e $A = [D \times C]$ é uma matriz de decisão: (Figura 3.1)

$$(3.1)$$

em que cada entrada a_{ij} - ($1 \leq i \leq N$, $1 \leq j \leq K$) representa se a página Web d_i pertence à categoria c_j - ou não.

Cada $a_i j = \{0, i\}$, em que "1" indica que a página Web d_i pertence à categoria c_j - e, "0" caso contrário. A tarefa da classificação de páginas Web consiste em aproximar a função de atribuição desconhecida (3.2)

$$f(D \times C) \rightarrow \{0,1\} \quad (3.2)$$

por meio de uma função aprendida f ': $(D \times C) \rightarrow \{0,i\}$, designada por classificador, modelo ou hipótese, de modo a que f ' coincida com f tanto quanto possível. A função f' é geralmente obtida por aprendizagem automática num conjunto de exemplos de treino de páginas Web. Cada exemplo de treino é marcado com uma etiqueta de categoria. A função f' é induzida durante a fase de treino e é depois utilizada durante a fase de classificação para atribuir as páginas Web às categorias.

Web Pages	Categories				
	c_1	...	c_j	...	c_K
d_1	a_{11}	...	a_{1j}	...	a_{1K}
...	...	...	...	...	...
d_i	a_{i1}	...	a_{ij}	...	a_{iK}
...	...	...	...	...	...
d_N	a_{N1}	...	a_{Nj}	...	a_{NK}

Figura 3.1 A - Matriz de decisão

3.2 Algoritmo de aprendizagem automática

Dado $D = \{$ (xii,yii),(xi2,yi2),...,(xim,yim)$\}$ é um conjunto de dados experimentais moderado com m caraterísticas e yi etiquetas de classe correspondentes, o objetivo é construir uma função de classificação robusta e eficiente *f(x)* que preveja a etiqueta de classe da amostra de dados desconhecida utilizando classificadores admissíveis de aprendizagem automática com a máxima precisão e requisitos computacionais mínimos, em que satisfaça $x_{im} \in R^n$, $y_i \in Y = \{1,2,..., c\}$ *para cada* ı .

3.3 Seleção de caraterísticas

A maioria dos métodos de classificação não consegue lidar com dados de elevada dimensão (os custos computacionais da aprendizagem e/ou da classificação tornam-se intratáveis). Um outro problema é o facto de a complexidade do modelo de muitos classificadores aumentar com a dimensão da sua entrada. Isto significa que os vectores de entrada de elevada dimensão podem causar um sobreajuste. O sobreajuste é um dos maiores problemas da aprendizagem automática. Por conseguinte, têm de ser aplicados métodos de redução da dimensionalidade ou de seleção de subconjuntos de caraterísticas. Existem muitos métodos de redução da dimensionalidade utilizando estatísticas.

O nosso método de seleção de caraterísticas seleciona um subconjunto de caraterísticas S = {s_1 , s_2 ,.., s_m } a partir do conjunto de caraterísticas original F = {f_1 , f_2 ,.., f_d }, em que *d* é a dimensão dos vectores de caraterísticas e *m* é o número de caraterísticas selecionadas, sendo *m<d*. Um elemento f_k é incluído no subconjunto S, se o subconjunto S der a maior precisão de classificação (ou o menor erro de classificação incorrecta).

3.4 Classificação de documentos de páginas Web de crimes

O volume de informações sobre crimes disponíveis na Web está a crescer exponencialmente. Analisá-las e processá-las manualmente é uma tarefa muito difícil. Também é do conhecimento geral que os motores de busca de uso geral não são personalizados para fornecer informações específicas sobre um determinado tópico. Encontrar informações adequadas e em tempo útil a partir destes documentos sobre crimes é crucial para muitas aplicações e pode desempenhar um papel vital na melhoria das capacidades de combate ao crime, ajudando a aumentar a segurança pública e a reduzir futuros crimes.

3.5 Exploração de sintagmas nominais

Os benefícios da análise linguística na recuperação de informação sempre foram controversos. O problema é determinar se a análise de sintagmas nominais melhora a eficácia da classificação da página Web. Devido à dificuldade das línguas habituais e à informação ruidosa, muitas técnicas não cumprem o objetivo. Os algoritmos existentes baseiam-se principalmente na utilização do conteúdo textual de uma página Web para identificar o seu domínio e classificá-la. No entanto, as páginas Web incluem muitas outras informações, para além do conteúdo de texto, com base nas quais os seus domínios podem ser identificados. Uma dessas fontes de informação, para além das já mencionadas, é a informação fornecida por certos elementos HTML, como a meta-tag, a body tag, a title tag, etc., que podem ajudar na classificação das páginas Web. A presença de informações adicionais, fornecidas pelas etiquetas HTML e pelas hiperligações, dá aos investigadores a ideia de explorar novas técnicas de representação de páginas Web para classificação automática.

Este capítulo contém as definições e descrições dos problemas de investigação centrados nos algoritmos de classificação de páginas Web. O capítulo seguinte descreve a abordagem proposta para os algoritmos de classificação de páginas Web para resolver os problemas acima referidos.

CAPÍTULO 4

Técnicas eficientes de aprendizagem automática para a classificação de páginas Web

Neste capítulo, é proposto um algoritmo para a classificação de páginas Web. O objetivo deste trabalho de investigação é classificar as páginas Web de forma precisa e eficiente, utilizando recursos mínimos como armazenamento, tempo e capacidade de processamento. Esta técnica utiliza algoritmos de aprendizagem automática, uma vez que estes são capazes de aprender. A vantagem é que a precisão da classificação melhora com a experiência e os classificadores prevêem a categoria correta da página Web se forem treinados e testados com mais dados.

Este algoritmo considera todos os níveis de caraterísticas para efeitos de classificação. São eles o título, h1, h2, URL, conteúdo e assim por diante. As secções seguintes descrevem a forma como as páginas Web são classificadas utilizando estas caraterísticas para a seleção de caraterísticas, métodos de pesquisa, stemming e algoritmos de aprendizagem automática. O algoritmo de classificação de páginas Web e de seleção de caraterísticas proposto neste capítulo combina a utilização de todas estas caraterísticas de uma forma inteligente. Este algoritmo de classificação de páginas Web e de seleção de caraterísticas classifica a página Web de forma precisa com o mínimo de recursos. É também apresentada uma abordagem para a classificação automática de páginas Web e a seleção de caraterísticas.

4.1 Classificação de páginas Web

A assistência automatizada para a World Wide Web está a sofrer um rápido crescimento e, consequentemente, há uma necessidade crescente de classificação e categorização de páginas Web. Esta assistência é uma grande ajuda para organizar uma enorme quantidade de informação em termos de motores de busca baseados em palavras-chave ou para construir um catálogo que possa classificar documentos da Web com base na hierarquia da coleção. Devido à natureza trabalhosa da edição humana, é muito difícil realizar este tipo de classificação sem técnicas automatizadas de classificação de páginas Web.

De facto, a classificação de páginas Web pode ser utilizada diretamente a partir de uma literatura de aprendizagem automática para a classificação de textos. Mas quando examinada mais de perto, a solução está longe de ser tão direta (Ozel 2011). Muitas páginas Web têm a sua própria estrutura subjacente incorporada na linguagem HTML. Essas páginas Web contêm conteúdos ruidosos, como banners de publicidade e barras de navegação. Quando um método de classificação de texto puro é aplicado diretamente a estas páginas, o algoritmo de classificação fica muito enviesado, o que pode fazer com que se perca o foco nos tópicos principais e nos conteúdos importantes. Por conseguinte, a questão crítica é conceber uma técnica de pré-processamento inteligente que possa extrair o tópico principal de uma página Web.

Ao classificar o problema geral das páginas Web, estas podem ser divididas em vários subproblemas como a classificação funcional e outros tipos. A classificação por assunto diz respeito ao assunto ou tópico de uma página Web e, com base no número de classes de um problema de classificação, pode ser dividida em classificação binária e classificação multiclasse. A classificação binária categoriza as instâncias em exatamente uma de duas classes; a classificação multiclasse lida com mais de duas classes.

Com base no número de classes que são atribuídas a uma instância, a classificação pode ser dividida em classificação de rótulo único e classificação de rótulo múltiplo. Numa classificação de rótulo único, apenas um rótulo de classe deve ser atribuído a cada instância, ao passo que numa classificação de rótulo múltiplo podem ser atribuídas mais do que uma classe a uma instância. Um problema de classificação de quatro classes significa que estão envolvidas quatro classes, como Artes, Negócios, Computadores e Desporto. Este problema pode ser de rótulo único, em que pode ser atribuído exatamente um rótulo a uma instância, ou de rótulo múltiplo, em que uma instância pode pertencer a qualquer uma das duas ou a todas as classes. Com base no tipo de atribuição de classes, a classificação pode ser dividida em classificação rígida e classificação flexível. No sistema de classificação rígida, uma instância pode estar ou não estar numa determinada classe sem um estado intermédio. Por outro lado, numa classificação suave, uma instância pode ser prevista numa determinada classe com alguma probabilidade, frequentemente uma distribuição de probabilidades em todas as classes.

Com base na organização das categorias, uma página Web pode ainda ser classificada como classificação plana e classificação hierárquica. Na classificação plana, as categorias são consideradas paralelas (ou seja, uma categoria não sucede a outra). Por outro lado, na classificação hierárquica, as categorias são organizadas numa estrutura hierárquica em forma de árvore, em que cada categoria pode ter várias subcategorias. A classificação de conteúdos Web é diferente em alguns aspectos quando comparada com a classificação de textos. A natureza não controlada do conteúdo da Web apresenta desafios adicionais à classificação de páginas Web, quando comparada com a classificação tradicional de texto, o conteúdo da Web é semi-estruturado e contém informações de formatação sob a forma de etiquetas HTML.

Existem alguns métodos de classificação que têm sido regularmente utilizados para classificar páginas Web, mas os dois mais comuns são a classificação por assunto e a classificação funcional. Na classificação por assunto, a página Web é classificada com base no seu tema, como desporto, automóveis, política, negócios, etc. Por outro lado, a classificação funcional classifica a página com base na sua função ou para que serve. Pode ser a página inicial, a página de checkout, a página de item, etc. Estes tipos de classificações funcionam bem para uma pessoa comum que esteja a tentar classificar páginas Web. A nível profissional, os métodos tornam-se muito mais complexos (Qi & Davison 2009). Algumas páginas Web podem conter hiperligações que apontam para outras páginas. Esta natureza interligada das páginas Web oferece caraterísticas que podem ser de grande ajuda na classificação. Para começar, todas as etiquetas HTML serão removidas das páginas Web, incluindo os sinais de pontuação. Seguir-se-á a remoção das palavras de paragem, uma vez que são universais em todos os documentos e não contribuem muito para a pesquisa. Na maioria dos casos, será aplicado um algoritmo de stemming para reduzir estas palavras ao seu radical básico. Um algoritmo de stemming frequentemente utilizado é o algoritmo de stemming de Porter. Os algoritmos de aprendizagem automática são aplicados posteriormente a estes vectores para treinar o respetivo classificador. O mecanismo de classificação do algoritmo é utilizado para testar um documento de amostra não rotulado em oposição aos dados aprendidos. Nesta fase, o utilizador tem de lidar com páginas iniciais de sítios Web organizacionais. A página inicial de um sítio Web bem desenvolvida é tratada como um ponto de entrada para todo o sítio Web. Representa o resumo de todo o sítio Web.

Muitos URL ligam para a página de segundo nível, que diz mais sobre a natureza da organização. A informação contida no título, na palavra-chave Meta, na descrição Meta e nos rótulos das etiquetas A HREF (âncora) é uma fonte muito importante de caraterísticas ricas. Para obter uma classificação elevada nos resultados dos motores de busca, os promotores dos sítios introduzem muitas palavras-chave relevantes. A maior parte das páginas iniciais são concebidas para caberem num único ecrã. Os factores acima referidos contribuíram para o poder de expressão da página inicial para identificar a natureza da organização (Riboni 2002).

4.2 Técnicas de seleção de caraterísticas

Na investigação proposta, são aplicadas várias técnicas de seleção de caraterísticas. Estas técnicas são apresentadas de seguida:

1) Avaliador de caraterísticas qui-quadrado (CHI)

Esta técnica é utilizada para avaliar o valor de uma caraterística, calculando o valor da estatística qui-quadrado em relação à classe.

2) Avaliador de subconjuntos de consistência

Esta técnica de seleção de caraterísticas é uma técnica de seleção de caraterísticas importante na extração de dados. É utilizada para avaliar o valor de um subconjunto de caraterísticas pelo nível de consistência nos valores das classes quando as instâncias de treino são projectadas no subconjunto de caraterísticas. A consistência de qualquer subconjunto nunca pode ser inferior à do conjunto completo de caraterísticas; por isso, a prática habitual é utilizar este avaliador de subconjuntos em conjunto com uma pesquisa aleatória ou exaustiva que procura o subconjunto mais pequeno com consistência igual à do conjunto completo de caraterísticas (Liu & Setiono 1996).

3) Rácio de ganho (GR)

Esta técnica de seleção de caraterísticas é utilizada para avaliar o valor de uma caraterística através da medição do rácio de ganho em relação à classe. Isto pode ser calculado por,

GainRatio (Classe, Caraterística) = (H (Classe) - H (Classe | Caraterística)) / H (elemento)

(4.1) em que H é a entropia.

4) Ganho de informação (IG)

A fórmula seguinte é utilizada para calcular o valor de uma caraterística, medindo o ganho de informação relativamente à classe.

InfoGanho (Classe, Caraterística) = H (Classe) - H (Classe | Caraterística) (4.2) em que H é a entropia.

5) Análise de componentes principais

Esta técnica de seleção de caraterísticas é aplicada na investigação. Efectua uma análise de componentes principais e a transformação dos dados. É utilizada em conjunto com uma pesquisa de classificação. A redução da dimensionalidade é conseguida através da escolha de vectores próprios suficientes para representar uma percentagem da variância dos dados originais (por defeito, 0,95 (95%)). O ruído das caraterísticas pode ser filtrado através da transformação para o espaço PC, eliminando alguns dos piores vectores próprios e, em seguida, transformando novamente para o espaço original.

4.3 Métodos de pesquisa

Na investigação proposta, são aplicados os seguintes métodos de pesquisa. Estes métodos são discutidos de seguida:

1) Pesquisa genética

Na investigação proposta, foi aplicado o método de pesquisa genética. Este método é utilizado para efetuar uma pesquisa utilizando o algoritmo genético simples descrito em Goldberg (1989).

2) Classificador

Este método de pesquisa classifica as caraterísticas pelas suas avaliações individuais. É utilizado em conjunto com avaliadores de caraterísticas (ReliefF, GainRatio, Entropy, etc.).

3) Pesquisa de classificação

Este método de pesquisa também foi utilizado na investigação. Utiliza um avaliador de caraterísticas/subconjuntos para classificar todas as caraterísticas. Se for especificado um avaliador de subconjunto, é utilizada uma pesquisa de seleção progressiva para gerar uma lista classificada (Hall & Holmes 2003).

Os métodos combinados de pesquisa genética e pesquisa por ordem são implementados na investigação proposta porque estes métodos de pesquisa produzem melhores resultados. As secções 4.5.4, 4.5.5 e 4.5.6 analisam em pormenor a análise de componentes principais, o avaliador de subconjuntos de consistência, a pesquisa genética, a pesquisa por ordem e os classificadores de aprendizagem automática.

4.4 Caule

Stemming é o termo utilizado na morfologia linguística e na recuperação de informação para descrever o processo de redução de palavras flexionadas (ou por vezes derivadas) ao seu tronco, base ou raiz, que é geralmente uma palavra escrita formada. Os troncos não precisam de ser idênticos à raiz morfológica da palavra; normalmente, é suficiente que as palavras relacionadas sejam mapeadas para o mesmo tronco, mesmo que este tronco não seja em si mesmo uma raiz válida.

4.4.1 Ferrão de Porter

O método do algoritmo de remoção de sufixos de Porter é aplicado na investigação proposta. O algoritmo foi originalmente descrito em Porter. O algoritmo de Porter consiste num conjunto de regras de condição/ação. As condições dividem-se em três classes: condições no radical, condições no sufixo e condições nas regras. Existem vários tipos de condições no radical.

1. A medida, denotada m, de um radical baseia-se nas suas sequências alternadas de vogais-consoantes. As vogais são (a, e, i, o, u). As consoantes são todas as letras que não são vogais. C representa uma sequência de consoantes e V uma sequência de vogais. A medida m, então, é definida como

$$[C](VC)^m [V] \qquad (4.3)$$

O sobrescrito m na Equação (4.3), é a medida que indica o número de sequências VC. Os parêntesis rectos indicam uma ocorrência opcional.

2. $* < S >$ - o radical termina com uma determinada letra S.

3. *v* - o radical contém uma vogal.

4. *d - o radical termina numa consoante dupla.

5. *o - o radical termina com uma sequência consoante-vogal-consoante, em que a consoante final não é w, x ou y.

As condições de sufixo assumem a forma: (sufixo_actual == padrão). As condições de regra assumem a forma: (regra foi usada). As acções são regras de reescrita da forma

sufixo_antigo -> sufixo_novo

As regras estão divididas em etapas. As regras numa etapa são examinadas em sequência, e apenas uma regra de uma etapa pode ser aplicada. O sufixo mais longo possível é sempre removido devido à ordenação das regras numa etapa. **4.**

5Método de seleção de caraterísticas híbridas   para classificação de páginas Web

Nesta secção, é proposta uma abordagem híbrida de seleção de caraterísticas. Esta abordagem é eficiente e eficaz para o problema da classificação automática de páginas Web e também ajuda a ferramenta de pesquisa Web a obter resultados relevantes na categoria relevante. Nesta investigação, é proposta a combinação de avaliadores de caraterísticas (PCA e CSE) e métodos de pesquisa (GS e RS) para a classificação de páginas Web. No processo de seleção de caraterísticas baseado na classificação de páginas Web, cada termo significativo pode ser considerado uma caraterística.

O sistema proposto é totalmente diferente dos sistemas desenvolvidos anteriormente da seguinte forma:

1) Foi testado com um maior número de documentos Web positivos e negativos no conjunto de dados de treino e de teste em comparação com outros sistemas (John et al. 1994, Forman 2003, Wakaki et al. 2006, Indra Devi et al. 2008, Meshkizadeh & Rahmani 2010, Bidgoli & Parsa 2012, Patil & Pawar 2012, Vaghela et al. 2014).

2) Tinham experimentado apenas alguns classificadores de aprendizagem automática para a classificação. Mas no sistema proposto, foram utilizados vários classificadores de aprendizagem automática.

Os resultados experimentais mostram que o método proposto melhora a precisão do classificador em comparação com métodos anteriores propostos por vários investigadores. A abordagem proposta é explicada da seguinte forma:

4.5.1 Abordagem proposta para a seleção de caraterísticas híbridas

O método proposto inclui quatro etapas principais, nomeadamente a construção de conjuntos de dados, a extração de caraterísticas, a seleção de caraterísticas e a classificação. Na fase de construção do conjunto de dados, os conjuntos de dados são preparados de acordo com o problema de classificação de classes binárias, tal como referido na secção 5.2 do Capítulo 5. Após a etapa de preparação, as caraterísticas são extraídas desses conjuntos de dados.

4.5.2 Extração de caraterísticas

Na fase de extração de caraterísticas, são utilizados todos os termos das etiquetas <title>, <h1>, <h2>, <h3>, <a>, <b>, <i>, <em>, <strong>, <p> e <li> que denotam título, cabeçalho de nível 1, cabeçalho de nível 2, cabeçalho de nível 3, âncora, negrito, itálico, ênfase, forte, parágrafo e item de lista e, adicionalmente, são utilizados endereços URL de páginas Web. De acordo com os resultados experimentais dos estudos anteriores (Kim & Zhang 2003, Ribeiro et al. 2003, Trotman 2005), estas etiquetas têm informações úteis e devem ser utilizadas durante a extração de caraterísticas. Para extrair caraterísticas, são extraídos todos os termos de cada uma das etiquetas acima mencionadas no conjunto de treino. Após a extração dos termos, as palavras de paragem são removidas e os restantes termos são stemizados utilizando o stemmer de Porter. Os termos stemizados e as suas etiquetas correspondentes formam o nosso conjunto de caraterísticas. Após a etapa de extração de caraterísticas, o subconjunto (sub)ótimo de caraterísticas é selecionado pelo método proposto. Os pormenores das etapas de seleção das caraterísticas são apresentados a seguir.

Na fase de seleção de caraterísticas, é selecionado um subconjunto de caraterísticas entre as caraterísticas extraídas e, finalmente, as caraterísticas selecionadas são enviadas para o WEKA para classificação. As fases de seleção e classificação das caraterísticas são repetidas até ser selecionado o melhor conjunto de caraterísticas. Estas etapas são explicadas em pormenor nas secções seguintes. Neste capítulo, foi introduzida uma abordagem híbrida de seleção de caraterísticas para retificar os problemas de classificação de páginas Web. O sistema proposto consiste em quatro processos principais. São eles:

1) Seleção inicial de caraterísticas (Seleção de caraterísticas iniciais).

2) Redução de caraterísticas (as caraterísticas irrelevantes são removidas com o método PCA).

3) Seleção intermédia de caraterísticas (As caraterísticas mais relevantes são selecionadas utilizando o avaliador (CSE) e os métodos de pesquisa (GS e RS). Utilizando estes métodos, é eliminado o número máximo de caraterísticas irrelevantes, redundantes e ruidosas.

4) Seleção final de caraterísticas (utilizando o classificador de aprendizagem automática ASC).

4.5.3 Seleção inicial de caraterísticas (IFS)

No conceito de aprendizagem automática, a seleção de caraterísticas envolve a seleção de um subconjunto de caraterísticas relevantes de um grupo de páginas

Web. É também útil na construção de modelos. Também tem os seguintes nomes: seleção de atribuição, seleção de variáveis ou seleção de subconjuntos de variáveis. Normalmente, as páginas Web contêm muitas caraterísticas redundantes ou irrelevantes. As caraterísticas redundantes e irrelevantes podem não fornecer informações úteis para a classificação de páginas Web. A seleção de caraterísticas pode ser caracterizada como uma questão de encontrar o menor conjunto de M atributos significativos. Descreve o conjunto de dados e, para além dos N atributos originais, $M \leq N$. A seleção de caraterísticas tem sido, desde há muito, o foco dos investigadores em muitos domínios, como o reconhecimento de padrões, a estatística e a aprendizagem automática (Liu & Setiono 1996).

Existem várias abordagens de seleção de caraterísticas, como a abordagem do filtro (Kira & Rendell 1992, Almuallim & Dietterich 1994), a abordagem do invólucro (John et al. 1994) e a abordagem híbrida, mas a abordagem do filtro é computacionalmente mais viável do que qualquer outra abordagem. O modelo de filtro é um dos principais métodos de seleção de caraterísticas que avalia cada caraterística de forma independente (Forman 2003). Os algoritmos de seleção de caraterísticas permitem descobrir todas as combinações possíveis de caraterísticas, para identificar o subconjunto com melhor desempenho na previsão. Ao diminuir a quantidade de caraterísticas dos vectores de caraterísticas, a escolha é feita mantendo as caraterísticas discriminantes mais significativas e removendo as irrelevantes ou redundantes (Vafaie & De Jong 1993, Chen & Liu 1999, Krishnapuram et al. 2004).

É recolhido um número suficiente de documentos Web positivos (relevantes) e negativos (irrelevantes) de diferentes categorias de páginas Web. Em primeiro lugar, estas páginas Web são pré-processadas (ou seja, são removidas as etiquetas HTML, as palavras comuns, as palavras derivadas, os símbolos de pontuação e as palavras de paragem) e as palavras resultantes são armazenadas num ficheiro de texto. Cada palavra é extraída do conjunto de dados de treino e, se o número de ocorrências na coleção de páginas Web for superior a 200 (frequência total do termo), é adicionada ao IFS. As palavras, cuja frequência de ocorrência é inferior a 200, são removidas dos dados de treino. A coleção Web utilizada para encontrar o IFS é constituída por documentos Web positivos e negativos na proporção de 60/40 (60% de documentos positivos e 40% de documentos negativos), ou 70/30, ou 80/20, ou 50/50, ou 30/70. A arquitetura do sistema e o algoritmo de classificação e seleção de caraterísticas das páginas Web são apresentados na Figura 4.1 e na Figura 4.2.

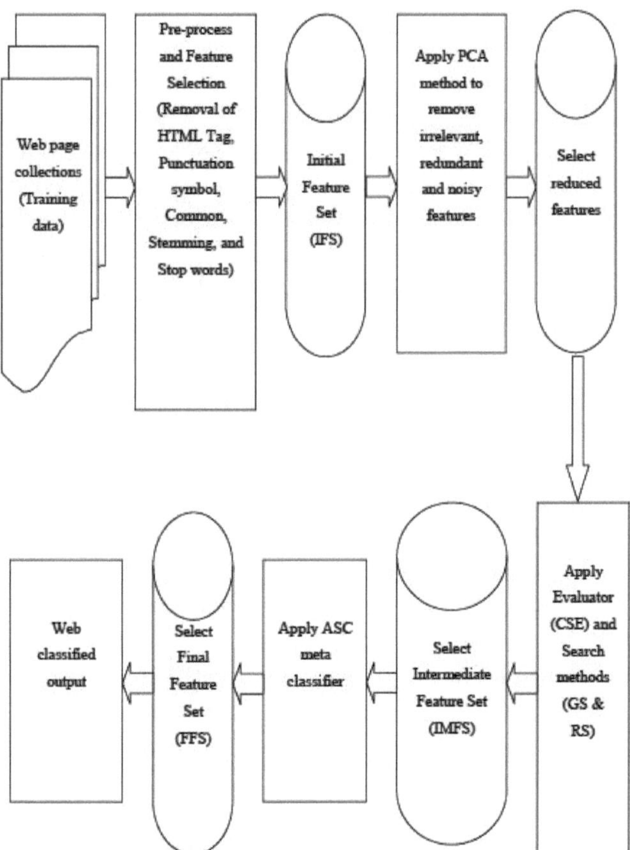

Figura 4.1 A arquitetura do sistema

Algoritmo: Classificação de páginas Web e seleção de caraterísticas
Entradas: Documentos de páginas Web positivas e negativas no conjunto de dados de treino
e remoção de palavras sem significado (palavras de paragem, palavras comuns, palavras raras,
palavras de derivação, símbolos de pontuação e etiquetas HTML)
Resultado: Lista de caraterísticas selecionadas e aplicação de classificadores de
aprendizagem automática
começar
para cada documento Web positivo e negativo **wd** no conjunto de dados de treino **do para**
cada palavra significativa **w** em **wd do**
se w é uma palavra sem significado, **então** remover
se a frequência de ocorrência da palavra autónoma **w** >= **N** (valor limiar) **então** Processo I:
Selecionar o conjunto inicial de caraterísticas (IFS) a partir dos dados de treino
Processo II: Aplicar o método de seleção de caraterísticas PCA ao IFS e eliminar
caraterísticas irrelevantes, redundantes e ruidosas
Processo III: Aplicar avaliadores e métodos de pesquisa
1. Aplicar CSE com métodos combinados de pesquisa genética e pesquisa de classificação às
caraterísticas resultantes da PCA
2. Eliminar caraterísticas irrelevantes e redundantes e obter IMFS
Processo IV: Aplicar a fase de classificação
1. Aplicar o classificador ASC ao IMFS e obter o conjunto final de caraterísticas (FFS)
2. Aplicar classificadores de aprendizagem automática ao IMFS, ao ASC resultante do FFS e
obter resultados exactos de classificação da Web
fim se
fim se
fim para
fim para
fim

**Figura 4.2 Classificação de páginas Web e algoritmo de seleção de
caraterísticas**

Os seguintes métodos de avaliação de caraterísticas (PCA e CSE), métodos de
pesquisa (GS e RS) e algoritmos de aprendizagem automática são aplicados na
investigação proposta e as explicações pormenorizadas são as seguintes:

4.5.4 Métodos de avaliação de caraterísticas

4.5.4.1 Análise de componentes principais (PCA)

A ACP é definida como um procedimento matemático. A utilização da
transformação ortogonal consiste em transformar um conjunto de percepções de
variáveis possivelmente correlacionadas num conjunto de valores de variáveis
lineares não correlacionadas que são designadas por componentes principais. O
número de componentes principais é menor ou igual à quantidade de variáveis
únicas. A ACP é uma ferramenta poderosa para reduzir diversas variáveis
experimentais num número menor de variáveis artificiais que representam a
maior parte da variância no conjunto de dados. É utilizada mais favoravelmente
na diminuição de dados. É definida como uma combinação linear de variáveis

experimentais ponderadas de forma óptima. Os novos valores de coordenadas que são representados nos dados são designados por componentes principais. Muitas vezes, o pequeno número de componentes principais é adequado para explicar a maior parte da estrutura dos dados. Estes são por vezes designados por factores ou variáveis latentes dos dados. Trata-se de um método fácil e não paramétrico para extrair informações relevantes de conjuntos de dados confusos. A PCA também pode ser utilizada para comprimir os dados, reduzindo o número de dimensões, com menos informação. É fundamental para o estudo de dados multivariados e é uma das primeiras técnicas multivariadas propostas por Wold et al. (1987). A ACP é uma técnica bem estabelecida para a redução da dimensionalidade (Tan et al. 2008) e pode ser encontrada em numerosos textos sobre análise multivariada e está intimamente relacionada com a análise fatorial. Jolliffe (1986) efectua uma análise de componentes principais e uma transformação dos dados para os utilizar numa pesquisa de classificação, escolhendo vectores próprios suficientes para representar uma percentagem da variância dos dados originais e a redução da dimensionalidade é explicada. Existem vários métodos utilizados para calcular a ACP.

Métodos de covariância

A covariância é sempre medida entre duas dimensões. A covariância mede o quanto as dimensões variam em relação à média, uma em relação à outra. Se calcularmos a covariância entre uma dimensão e ela própria, obteremos a variância dessa dimensão. A matriz de covariância descreve todas as relações entre pares de medições no conjunto de dados considerado. A fórmula básica para a covariância é expressa como

$$\text{cov}(X, Y) = \frac{\sum_{i=1}^{n}(X_i - \bar{X})(Y_i - \bar{Y})}{(n-1)} \tag{4.4}$$

em que X e Y representam duas dimensões distintas dos dados.

Desvios em relação à média

A subtração da média é a parte fundamental do resultado para encontrar uma base de componentes principais; minimiza o erro quadrático médio de aproximação dos dados.

Vetor próprio e valores próprios (vetor de caraterísticas)

Seja, A = matriz n × n. O escalar λ é um valor próprio de A, se existir um vetor não nulo v tal que,

Av = λv   (4.5)

em que o vetor v é designado por vetor próprio de A correspondente ao valor próprio λ. Para cada valor próprio λ, o conjunto de todos os vectores v que satisfazem Av = λv é chamado espaço de autovalores de A correspondente ao valor próprio λ. A condição Av = λv pode ser reescrita como,

$(A - \lambda I) v = 0 \qquad (4.6)$

I: n x n é uma matriz idêntica. Para que um vetor não nulo v satisfaça a Equação (4.6). A matriz $(A - \lambda I)$ não deve ser invertível. O determinante não-inversível de $(A - \lambda I)$ tem de ser zero.

$p (\lambda) = det (A - \lambda I) \qquad (4.7)$

Para encontrar os vectores próprios,

$$v = \begin{pmatrix} v1 \\ v2 \\ \vdots \\ vn \end{pmatrix} \qquad (4.8)$$

Correspondendo a um valor próprio λ, resolvemos o sistema de equações lineares dado por,

$(A - \lambda I) v = 0 \qquad (4.9)$

4.5.4.2 Avaliador do subconjunto de coerência (CSE)

Muitas abordagens à seleção de subconjuntos de caraterísticas utilizam a consistência das classes como métrica de avaliação. O método CSE é um dos métodos de avaliação de caraterísticas utilizado para avaliar o valor de um subconjunto de caraterísticas através do nível de consistência nos valores das classes enquanto se projectam as instâncias de treino no subconjunto de caraterísticas. A métrica de avaliação de subconjuntos baseada na consistência foi utilizada pelos seguintes investigadores (Almuallim & Dietterich 1994, Liu & Setiono 1996, Tan et al. 2008, Bidgoli & Parsa 2012).

$$\mathbf{Consistency_s} = 1 - \frac{\sum_{i=0}^{J} |D_i| - |M_i|}{N} \qquad (4.10)$$

Consistências

em que s é um subconjunto de atributos, J é o número de combinações únicas de valores de atributos para s, D_i é o número de ocorrências da combinação de valores de atributos i^{th} , M_i é a cardinalidade da classe maioritária para a combinação de valores de atributos i^{th} e N é o número total de instâncias no conjunto de dados. O conjunto completo de caraterísticas nunca pode ser superior à consistência de qualquer subconjunto; por conseguinte, a prática habitual consiste em utilizar este avaliador de subconjuntos como parte de uma pesquisa aleatória ou exaustiva. O seu objetivo é obter o subconjunto mais pequeno com a mesma consistência em termos do conjunto completo de caraterísticas.

4.5.5 Métodos de pesquisa

4.5.5. 1 Pesquisa genética (GS)

Os Algoritmos Genéticos (AG), uma forma de tática de aprendizagem indutiva, são técnicas de pesquisa adaptativa inicialmente introduzidas por Holland (1975). Os algoritmos genéticos demonstraram uma melhoria substancial em relação a uma variedade de métodos de pesquisa aleatórios e locais utilizados para resolver problemas de otimização e são globalmente os melhores resultados produzidos. É basicamente uma técnica de pesquisa independente do domínio, ideal para aplicações em que o conhecimento e a teoria do domínio são difíceis ou impossíveis de fornecer (De Jong 1988). Goldberg (1989) apresentou o AG standard, cuja análise é a seguinte: É uma técnica de otimização e de pesquisa baseada nos princípios da genética e da seleção natural. O AG é composto principalmente por três operadores. São eles a seleção, o cruzamento e a mutação. Após a seleção, uma boa cadeia de caracteres devido à sua aptidão é selecionada para criar uma nova geração; o cruzamento une boas cadeias de caracteres para gerar melhores descendentes; a mutação modifica uma cadeia de caracteres localmente para manter a diversidade genética de uma geração de uma população de cromossomas para a seguinte. Em cada geração, é efectuada uma avaliação da população e testada a terminação do algoritmo. Se o critério de terminação não for cumprido, as funções de população dos três operadores do AG são reavaliadas.

Existem várias opções que incluem o método de pesquisa genética, como se segue:

1) Probabilidade de cruzamento - Esta é a primeira opção para definir a probabilidade de cruzamento. Esta é a probabilidade de dois membros da população trocarem material genético.

2) Máximo de gerações - Esta é a segunda propriedade que permite definir o número de gerações a avaliar.

3) Probabilidade de mutação - Define a probabilidade de ocorrência de mutação.

4) Tamanho da população - Defina o tamanho da população (número par), isto é, o número de indivíduos (conjuntos de caraterísticas) na população.

4.5.5.2 Pesquisa de classificação (RS)

O método RS é utilizado como um avaliador de caraterística/subconjunto para classificar todas as caraterísticas. Se for especificado um avaliador de subconjuntos, será utilizada uma pesquisa de seleção progressiva para gerar uma lista ordenada. A partir da lista de caraterísticas classificadas, é avaliado um subconjunto de tamanho crescente, ou seja, as melhores caraterísticas, mais as melhores caraterísticas seguintes, etc. As melhores caraterísticas do conjunto são comunicadas e a pesquisa de classificação é linear no número de caraterísticas. É utilizado um avaliador de caraterísticas simples, como um avaliador de caraterísticas de rácio de ganho (Hall & Holmes 2003). O pseudo para a classificação das caraterísticas

<table>
<tr><td>abordagem é</td><td>para cada caraterística F</td></tr>
</table>

```
WF = Get_Feature_Weight (F)
Adicionar WF a Weight_List Ordenar
Weight_List
Selecionar caraterísticas Top-K
```

Onde F é uma caraterística, WF é o peso da caraterística. As opções incluídas no
método de pesquisa de classificação são:

1) Avaliador de caraterísticas - Avaliador de caraterísticas a utilizar para gerar
uma classificação.

2) Ponto de partida - Começar a avaliar a partir deste ponto da classificação.

3) Tamanho do passo - Adicionar muitas caraterísticas da classificação em cada
iteração.

4.5.6 Classificadores de aprendizagem automática

Existem vários classificadores de aprendizagem automática, como Bayes,
Functions, Lazy, Meta, Rules e Trees, que também foram aplicados ao problema
de classificação na investigação. São abordados em pormenor da seguinte
forma:

4.5.6.1 Bayes

Os vários tipos de classificadores de Bayes são:

1) Rede Bayes (BN)

Uma rede bayesiana, rede de Bayes, rede de crenças, modelo de Bayes (ian) ou
modelo gráfico acíclico probabilístico dirigido é um modelo gráfico
probabilístico (um tipo de modelo estatístico) que representa um conjunto de
variáveis aleatórias e as suas dependências condicionais através de um gráfico
acíclico dirigido. As redes bayesianas (BNs), também conhecidas como redes de
crenças (ou redes de Bayes), pertencem à família dos modelos gráficos
probabilísticos. Estas estruturas gráficas são utilizadas para representar o
conhecimento sobre um domínio incerto (Bouckaert 2004).

2) Complemento Naïve Bayes (CNB)

É outro classificador de Bayes. É uma classe para construir e utilizar um
classificador Naive Bayes de classe complementar (Rennie et al. 2003).

3) Naïve Bayes (NB)

Um classificador Bayes é um classificador probabilístico simples baseado na
aplicação do teorema de Bayes (da estatística Bayesiana) com pressupostos de
independência fortes (Naive). Um termo mais descritivo para o modelo de
probabilidade subjacente seria "modelo de caraterísticas independentes" (John &
Langley 1995).

4.5.6.2 Funções

Os diferentes tipos de classificadores de aprendizagem automática no âmbito das funções são discutidos de seguida:

1) SVM de biblioteca (LIBSVM)

Trata-se de uma classe de cobertura para as ferramentas SVM de biblioteca (as classes SVM de biblioteca, normalmente o ficheiro jar, têm de estar no caminho da classe para utilizar este classificador). O SVM de biblioteca é executado mais rapidamente do que a Otimização Mínima Sequencial (SMO), uma vez que utiliza o SVM de biblioteca para construir o classificador SVM. O SVM de biblioteca permite aos utilizadores experimentarem o SVM de uma classe, o SVM regressivo e o SVM nulo suportados pela ferramenta SVM de biblioteca (Chang & Lin 2001, El- Manzalawy & Honavar 2005). A biblioteca SVM apresenta muitas estatísticas úteis sobre o classificador SVM da biblioteca (por exemplo, matriz de confusão, precisão, recuperação, pontuação ROC, etc.).

2) Logística

Trata-se de uma classe para construir e utilizar um modelo de regressão logística multinomial (LOG) com um estimador de crista. Há, no entanto, algumas modificações em relação ao artigo de Cessie & Houwelingen (1992). Se existirem k classes para n instâncias com m caraterísticas, a matriz de parâmetros B a calcular será uma matriz m*(k-1). A probabilidade da classe j, com exceção da última classe, é

$P_j(x_i) = \exp(x_iB_j) / ((\text{soma}[j=1... (k-1)]\exp(x_i*B_j)) +1)$ (4.11)

A última classe tem probabilidade (P)

$1- (\text{soma}[j=1... (k-1)]\,P_j(x_i)) = 1/((\text{soma}[j=1... (k-1)]\exp(x_i*B_j)) +1)$ (4.12) A verosimilhança logarítmica multinomial (negativa) é assim

$L = -\text{soma}[i=1...n]\{\text{soma}[j=1... (k-1)](Y_{lj} * \ln(P_j(X_1)) + (1 - (\text{soma}[j=1... (k-1)]\,Y_{ij})) * \ln(1 - \text{soma}[j=1... (k-1)]P_j(x_i))\} + \text{crista} * (B^2)$ (4.13)

Para encontrar a matriz B, para a qual L é minimizado, é utilizado um método QuasiNewton para procurar os valores optimizados das m*(k-1) variáveis. Note-se que, antes de utilizarmos o procedimento de otimização, comprimimos a matriz B num vetor m*(k-1). Embora a regressão logística original não lide com os pesos das instâncias, o algoritmo é ligeiramente modificado para lidar com os pesos das instâncias.

3) Logística simples (SL)

É um classificador para construir modelos de regressão logística linear. O LogitBoost com funções de regressão simples como aprendizagens de base é utilizado para ajustar os modelos logísticos. O número ótimo de iterações LogitBoost a realizar é validado de forma cruzada, o que leva à seleção automática de caraterísticas (Landwehr et al. 2005).

4.5.6.3 Preguiçoso

Os classificadores de aprendizagem automática sob o preguiçoso são apresentados abaixo:

1) IBk

Este classificador é também designado por classificador do vizinho mais próximo (K-nearest neighbor). Pode selecionar o valor adequado de K com base na validação cruzada. Também pode efetuar a ponderação da distância.

2) KStar

O K* é um classificador baseado em instâncias, ou seja, a classe de uma instância de teste baseia-se na classe das instâncias de treino semelhantes a essa instância, conforme determinado por alguma semelhança funcional. Difere de outros aprendizes baseados em instâncias pelo facto de utilizar uma função de distância baseada na entropia (Cleary & Trigg 1995).

4.5.6.4 Meta

Os vários classificadores do Meta são:

1) Classificador selecionado por atributos (ASC)

O ASC é um dos meta-classificadores mais conhecidos, que utiliza um algoritmo de pesquisa e um avaliador ao lado do classificador de base. O meta-classificador ASC é utilizado para reduzir a dimensionalidade dos dados de treino e de teste através da seleção de atributos antes de serem transmitidos a um classificador. Isto torna a caraterística totalmente transparente, e o classificador de base apenas se apropria do conjunto de dados reduzido. Este é o nome completo da classe do meta-classificador. Um meta-classificador é basicamente um termo genérico utilizado para explicar todas as classes que surgem funcionalmente equivalentes a um classificador regular. Mas, na verdade, é fornecida alguma quantidade extra de funcionalidade para além de um classificador normal. Além disso, geralmente não implementam um classificador por si só, mas tomam um dado classificado como entrada. Estes métodos são utilizados num classificador (por exemplo, Treinar ou Prever) no metaclassificador, mas este abordará as rotinas do classificador de entrada, antes ou depois de algumas outras funções fornecidas pelo metaclassificador. As opções incluídas para o classificador ASC são:

- Classificador - O classificador de base a ser utilizado.
- Avaliador - Define o avaliador de atributos a utilizar. É utilizado durante a fase de seleção de caraterísticas antes de o classificador ser invocado.
- Pesquisa - Define o método de pesquisa. É utilizado durante a fase de seleção de caraterísticas antes de o classificador ser invocado.

As vantagens do ASC são:

- Redução dos requisitos de memória.
- Produção de classificação rápida.

2) Dicotomias aninhadas equilibradas por classe (CBND)
É um meta-classificador que permite tratar conjuntos de dados multi-classe com classificadores de 2 classes através da construção de uma estrutura de árvore aleatória com equilíbrio de classes (Frank & Kramer 2004, Dong et al. 2005).

3) Raced Incremental Logit Boost (RILB)
Trata-se de um classificador para a aprendizagem incremental de grandes conjuntos de dados através de comités de corrida logit-boosted (Frank et al. 2002).

4) Seletor de limiar (TS)
Este classificador é um Meta-classificador que seleciona um limiar de ponto médio na probabilidade de saída de um classificador. O limiar do ponto médio é definido de modo a otimizar uma determinada medida de desempenho. Atualmente, esta é a medida F-. O desempenho é medido nos dados de treinamento, em um conjunto de espera ou usando validação cruzada. Além disso, as probabilidades devolvidas pelo aprendiz de base podem ter seu intervalo expandido, de modo que as probabilidades de saída residam entre 0 e 1 (isso é útil se o esquema normalmente produz probabilidades em um intervalo muito estreito).

4.5.6.5 Regras
Os diferentes tipos de classificadores de aprendizagem automática no âmbito das regras são discutidos a seguir:

1) Quadros de decisão (DTA)
As tabelas de decisão são uma forma precisa e compacta de modelar uma lógica complicada. As tabelas de decisão, tal como os fluxogramas e as instruções if-then-else e switch-case, associam condições a acções a realizar, mas em muitos casos fazem-no de uma forma mais elegante (Kohavi 1995).

2) Tabela de Decisão/Naive Bayes (DTNB)
Esta é uma classe para construir e usar um classificador híbrido Tabela de decisão/Naive Bayes. Em cada ponto da pesquisa, o algoritmo avalia o mérito de dividir as caraterísticas em dois subconjuntos disjuntos: um para a tabela de decisão e outro para Naive Bayes. É utilizada uma pesquisa de seleção progressiva, em que, em cada passo, as caraterísticas selecionadas são modeladas por Naive Bayes e o resto da tabela de decisão e todas as caraterísticas são modeladas pela tabela de decisão inicialmente. Em cada passo, o algoritmo também considera a possibilidade de eliminar completamente uma caraterística do modelo (Hall & Frank 2008).

3) Árvore de decisão parcial C4.5 (PART)
Esta classe destina-se a gerar uma lista de decisões PART. Utiliza o método "separar e conquistar". Constrói uma árvore de decisão C4.5 parcial em cada

iteração e transforma a "melhor" folha numa regra (Frank & Witten 1998).

4.5.6.6 Árvores

Os vários classificadores do Trees são:

1) Árvores funcionais (FT)

Trata-se de um classificador para a construção de árvores funcionais, que são árvores de classificação que podem ter funções de regressão logística nos nós interiores e/ou nas folhas. O algoritmo pode lidar com variáveis-alvo binárias e multiclasse, caraterísticas numéricas e nominais e valores em falta (Gama 2004, Landwehr et al. 2005).

2) J48 (Árvore de decisão)

Uma árvore de decisão é um modelo preditivo de aprendizagem automática que decide o valor-alvo (variável dependente) de uma nova amostra com base nos valores dos vários atributos dos dados disponíveis. Os nós internos de uma árvore de decisão representam os diferentes atributos; os ramos entre os nós indicam os valores possíveis que esses atributos podem ter nas amostras observadas, enquanto os nós terminais indicam o valor final (classificação) da variável dependente. O atributo a prever é designado por variável dependente, uma vez que o seu valor depende, ou é decidido, pelos valores de todos os outros atributos. Os outros atributos, que ajudam a prever o valor da variável dependente, são conhecidos como as variáveis independentes do conjunto de dados (Quinlan 1993).

3) Árvores de modelo logístico (LMT)

É o classificador para a construção de árvores de modelos logísticos, que são árvores de classificação com funções de regressão logística nas folhas. O algoritmo pode lidar com variáveis-alvo binárias e multiclasse, caraterísticas numéricas e nominais e valores em falta (Landwehr et al. 2005, Sumner et al. 2005).

4) Floresta aleatória (RF)

O algoritmo de floresta aleatória desenvolvido por Breiman (2001) é um método de aprendizagem de conjunto para classificação e regressão que funciona através da construção de um conjunto de árvores de decisão no momento da formação e, por conseguinte, da emissão da classe. As florestas aleatórias são basicamente uma combinação de preditores de árvores de tal forma que um vetor amostrado aleatoriamente decide a estrutura da árvore.

A floresta aleatória é um classificador que consiste em classificadores estruturados em árvore que dependem destes vectores amostrados aleatoriamente. A seleção aleatória de caraterísticas para dividir cada nó produz taxas de erro que se comparam favoravelmente ao reforço adaptativo, são mais poderosas do que as caraterísticas com ruído. As florestas aleatórias são utilizadas para classificar a importância das variáveis num problema de classificação ou regressão.

4.5.7 Frequência de termos e frequência inversa de documentos (TF/IDF)

A frequência de termos e a frequência inversa de documentos são teoricamente propostas por Jones (1972) e têm um esquema de ponderação para cada termo (Robertson & Sparck-Jones 1976). Na tarefa de recuperação de informação, a frequência de termos tf (t, d) é uma das formas mais simples utilizadas para encontrar a frequência bruta dos termos num documento. Onde "t" é o número de vezes que o termo ocorre num documento Web d. Foram utilizadas frequências booleanas; tf (t, d) =1, se "t" ocorre em d e (t, d) =0, se "t" não ocorre em d. A frequência aumentada pode ser calculada por

$$tf(t, d) \;=\; 0.5 \;+\; \frac{0.5 \times f(t,d)}{\max\{f(w,d): w \in d\}} \tag{4.14}$$

A partir da equação anterior (4.14), a frequência bruta de "t" por f (t, d) é dividida pela maior frequência bruta de qualquer termo no documento. O IDF é utilizado para medir o termo. Este termo é comum ou raro em todos os documentos Web.

$$idf(t, D) \;=\; \log \frac{|D|}{|\{d \in D : t \in d|} \tag{4.15}$$

A partir da Equação (4.15) acima, divide-se o número total de documentos da Web pelo número de documentos da Web que contém o termo. Onde |D| representa o número total de documentos da Web no corpus |{d $\in$ D: t $\in$ d| representa o número de documentos da Web em que o termo "t" aparece, caso contrário, se o termo não estiver no corpus. De seguida, o TF-IDF é calculado através da seguinte fórmula

TFIDF = t,d,D = TF (t, d). IDF (t, D) (4.16)

Esta secção trata da classificação de páginas Web apenas com todas as caraterísticas. Esta abordagem permite uma classificação mais rápida, independentemente do conteúdo e do tamanho da página Web. Os recursos necessários para o processamento são mínimos, independentemente do tamanho da página Web. Esta abordagem é suficiente para que a classificação de páginas Web tenha resultados mais precisos e fiáveis. A próxima secção descreve a classificação de páginas Web com caraterísticas de documentos de páginas Web criminais utilizando WordNet, similaridade Jaccard e algoritmos de aprendizagem automática.

CAPÍTULO 5

Resultados experimentais e discussão

Este capítulo contém os resultados experimentais e a análise deste trabalho de investigação. As medidas de avaliação utilizadas para comparar o desempenho dos classificadores são discutidas de seguida.

5. 1Medidas de avaliação

A Sensibilidade, a Especificidade, a Exatidão, a Medida F, a Recuperação e a Precisão são calculadas da seguinte forma. Estes são utilizados para medir o desempenho dos classificadores. É definido como,

Sensibilidade: A proporção de instâncias positivas que são corretamente identificadas. (Taxa de verdadeiros positivos)

$$\text{True\_Positive\_Rate (Sensibilidade)} = \frac{TP}{TP + FN} \tag{5.1}$$

Especificidade: A proporção de instâncias negativas que são corretamente identificadas. (Taxa de verdadeiros negativos)

$$\text{Taxa de verdadeiros negativos (especificidade)} = \frac{TN}{TN + FP} \tag{5.2}$$

Exatidão: Um classificador num determinado conjunto de teste é a percentagem das instâncias do conjunto de teste que são corretamente classificadas pelo classificador.

$$\text{Precisão} = \frac{TP + TN}{TP + TN + FP + FN} \tag{5.3}$$

Precisão: A proporção das páginas Web que estão verdadeiramente numa classe dividida pelo total de páginas Web, classificadas como essa classe.

$$\text{Precisão} = \frac{TP}{TP + FP} \tag{5.4}$$

Recuperação: A proporção das páginas Web classificadas como uma determinada classe dividida pelo total efetivo dessa classe.

$$\text{Recall} = \frac{TP}{TP + FN} \tag{5.5}$$

Medida F: A medida F é outro valor comummente utilizado para medir o desempenho dos classificadores. É definida como uma medida combinada da precisão e da recuperação.

$$\text{Medida F} = \frac{2 \times recall \times precision}{recall + precision} \tag{5.6}$$

Onde,

TP - True Positive (os documentos positivos que foram corretamente identificados pelo classificador)

TN -TrueNegative (os documentos negativos que foram corretamente identificadas pelo classificador)

FP -FalsePositive (documentos negativos que foram incorretamente rotulado pelo classificador)

FN -FalseNegative (osdocumentospositivosqueforam incorretamente rotulado pelo classificador)

5.2 Conjuntos de dados Descrição

Os conjuntos de dados, as experiências e os resultados são apresentados nesta secção. Todas as implementações das experiências são efectuadas utilizando o software Java 1.6.0 e Weka 3.6.5.

5.2.1 Conjuntos de dados

Esta parte inclui explicações sobre os conjuntos de dados, nomeadamente o WebKB (Craven et al. 1998) e o Open Diretory Project (ODP).

5.2.1.1 Conjunto de dados WebKB

O conjunto de dados WebKB é um conjunto de páginas Web recolhidas pelo projeto World Wide Knowledge Base (Web->Kb) do grupo de aprendizagem de texto da Carnegie Mellon University (CMU) (http://www.cs.cmu.edu), e foi descarregado da página inicial do conjunto de dados das 4 universidades (http://www.cs.cmu.edu/~ Webkb/). Trata-se de um conjunto de dados de avaliação comparativa para investigadores de aprendizagem automática. Estas páginas foram recolhidas de departamentos de informática de várias universidades em 1997 e classificadas manualmente em sete classes diferentes, nomeadamente: estudantes, professores, funcionários, departamento, curso, projeto e outros. Para cada classe, a coleção contém páginas de quatro universidades: Cornell, Texas, Washington, Wisconsin e outras páginas diversas recolhidas de outras universidades. As 8282 páginas foram classificadas manualmente nas sete categorias, de modo que a categoria estudante tem 1641 páginas, a faculdade tem 1124, a equipa tem 137, o departamento tem 182, o curso tem 930, o projeto tem 504 e a categoria outros contém 3764 páginas, como mostra a Tabela 5.1. Na Tabela 5.1, as colunas indicam as sete classes diferentes, nomeadamente: estudantes, professores, funcionários, departamento, curso, projeto e outros e a linha indica o número de páginas Web recolhidas nas sete classes. A classe outros é uma coleção de páginas que não são consideradas como a página principal e não representam uma instância das seis classes anteriores.

Quadro 5.1 Distribuição de cada classe

cia⅛s Páginas\	Estudante	Docentes	Pessoal	Departamento	Curso	Projeto	Outros
Número de	1641	1124	137	182	930	504	3764

Web páginas						

O conjunto de dados do WebKB inclui 867 páginas Web da Universidade de Cornell, 827 páginas da Universidade do Texas, 1205 páginas da Universidade de Washington, 1263 páginas da Universidade de Wisconsin e, finalmente, 4120 páginas diversas de outras universidades, como mostra a Tabela 5.2. Na Tabela 5.2, as colunas indicam a universidade que é Cornell, Texas, Washington, Wisconsin e outras universidades e a linha indica o número de páginas Web recolhidas de quatro universidades e outras páginas diversas recolhidas de outras universidades.

Tabela 5.2 Distribuição das páginas Web em função das universidades

universidade Páginas Web\	Cornell	Texas	Washington	Wisconsin	Outros
Número de páginas Web	867	827	1205	1263	4120

5.2.1.2 Conjunto de dados ODP

O ODP é o maior e mais completo diretório da Web editado por humanos. É construído e mantido por uma vasta comunidade global de editores voluntários (http://www.dmoz.org/). É também conhecido como Dmoz, um diretório multilingue de conteúdos abertos das ligações da WWW.

O ODP usa um esquema de ontologia hierárquica para organizar as listagens de sites. As listagens sobre tópicos semelhantes são agrupadas em categorias que podem depois incluir categorias mais pequenas. As páginas Web de desporto foram rotuladas como documentos positivos (relevantes) no conjunto de dados e as páginas irrelevantes no conjunto de resultados foram consideradas como documentos negativos. Para as experiências, foram utilizadas as classes de cursos e de professores do WebKB e as classes de desporto dos conjuntos de dados ODP. Os pormenores sobre os conjuntos de dados são apresentados nos Quadros 5.3 a 5.5. Nas Tabelas 5.3, 5.4 e 5.5, as colunas indicam a classe, o número de instâncias (páginas) e o número total de instâncias e as linhas indicam os conjuntos de dados (desporto, faculdade e curso) utilizados para as experiências.

Tabela 5.3 Número de documentos Web positivos e negativos na conjuntos de dados para a experiência 1

	Classe	Número de Instâncias	Total
Desporto	Desporto	1001	1233

	Não desportivo	232	
Docentes	Docentes	1124	1332
	Não docentes	208	
Curso	Curso	930	1291
	Não curso	361	

Tabela 5.4 Número de documentos Web positivos e negativos na conjuntos de dados para a Experiência 2

	Classe	Número de Instâncias	Total
Curso	Curso	930	1860
	Não curso	930	
Docentes	Docentes	430	860
	Não docentes	430	
Desporto	Desporto	1100	2200
	Não desportivo	1100	

Tabela 5.5 Número de documentos Web positivos e negativos nos conjuntos de dados da Experiência 3

	Classe	Número de Instâncias	Total
Curso	Curso	930	2943
	Não curso	2013	
Docentes	Docentes	1050	4100
	Não docentes	3050	
Desporto	Desporto	850	2870
	Não desportivo	2020	

5.2.2 Construção do conjunto de dados

Neste trabalho, foram utilizados dois conjuntos de dados diferentes, nomeadamente o WebKB e o ODP. O primeiro deles foi o WebKB, descrito na secção 5.2.1.1. O conjunto de dados WebKB foi utilizado neste estudo para as turmas de professores e de cursos. Como as classes de pessoal e de departamento têm um número insuficiente de exemplos positivos, não foram consideradas nestas experiências. Os conjuntos de dados de treino e de teste foram construídos conforme descrito nas Tabelas 5.3 a 5.5. Para cada classe, o conjunto de treino inclui páginas relevantes (curso, faculdade) que pertencem a três universidades escolhidas aleatoriamente, e outra classe do conjunto de dados. As páginas da quarta universidade foram utilizadas na fase de teste. A partir do conjunto de dados ODP, as páginas Web de desporto foram rotuladas como documentos positivos (relevantes para o desporto) no conjunto de dados e as páginas irrelevantes (não desportivas) foram consideradas como documentos negativos. Cerca de 70% das páginas relevantes foram adicionadas ao conjunto de treino.

5.3 Ferramenta de extração de dados WEKA

O WEKA (Waikato Environment for Knowledge Analysis) é um conjunto popular de software de aprendizagem automática escrito em Java, desenvolvido na Universidade de Waikato, na Nova Zelândia. Trata-se de software livre disponível ao abrigo da licença pública geral GNU. A interface gráfica de utilizador inicial do Weka é apresentada na Figura 5.1.

O Weka suporta várias tarefas padrão de extração de dados, mais especificamente, o pré-processamento de dados, o agrupamento, a classificação, a regressão, a visualização e a seleção de caraterísticas. O Weka tem quatro modos de funcionamento diferentes, nomeadamente o Explorer, o Experimenter, o Knowledge Flow e o CLI (Command-Line Interface) simples (Witten & Frank 2005). A CLI simples fornece uma interface de linha de comandos simples que permite a execução direta de comandos Weka para sistemas operativos que não fornecem a sua própria interface de linha de comandos.

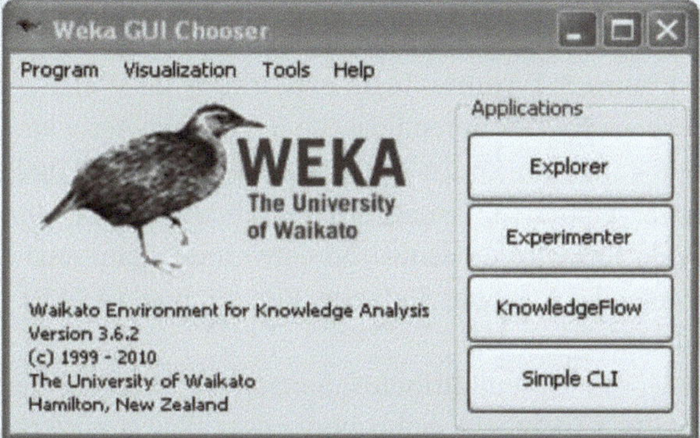

Figura 5.1 A interface gráfica do utilizador inicial do Weka

O Experimentador é um ambiente para efetuar experiências e testes estatísticos entre esquemas de aprendizagem. O fluxo de conhecimento suporta essencialmente as mesmas funções que o explorador, mas com uma interface de arrastar e largar. Uma vantagem é o facto de suportar
aprendizagem incremental. O Explorer é um ambiente para explorar dados com a Weka. O Explorer é o ambiente mais frequentemente utilizado pela Weka e é apresentado na Figura 5.2.

O ambiente Explorer tem 7 separadores diferentes: Pré-processar, Classificar, Agrupar, Associar, Selecionar atributos e Visualizar. No separador Preprocess, os dados a analisar são escolhidos e modificados. No separador Classificar do Weka, os dados são agrupados em 6 categorias, nomeadamente, Bayes (algoritmos bayesianos), Funções (algoritmos funcionais como a regressão logística e SVM), Preguiçosos (algoritmos preguiçosos ou aprendizes baseados em instâncias), Meta (algoritmos que combinam vários modelos e, em alguns casos, modelos de diferentes algoritmos), Árvores (algoritmos de classificação/regressão em árvore) e Regras (algoritmos baseados em regras). Para o agrupamento, a tabulação de clusters pode ser utilizada para aprender clusters para os dados (Bouckaert et al 2011).

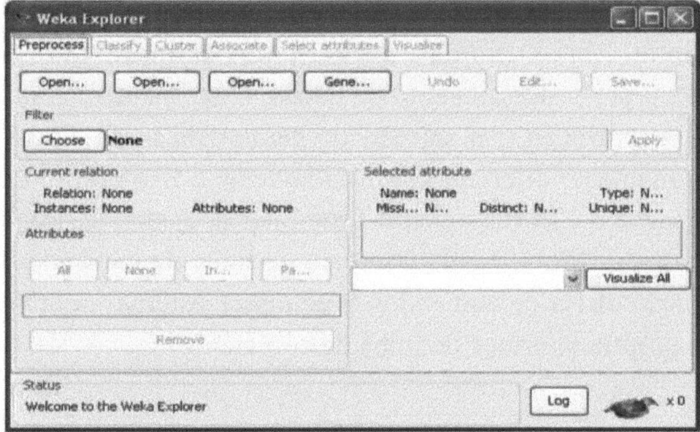

Figura 5.2 Ambiente do explorador da Weka

As regras de associação são aprendidas no separador Associar. O separador Selecionar atributos inclui métodos de seleção de atributos. Finalmente, com o separador visualizar, é possível visualizar um gráfico 2D dos dados. Para manter a independência do formato, os dados são convertidos para uma representação intermédia denominada Attribute Relation File Format (ARFF). Os ficheiros ARFF contêm blocos

descrevem as relações e os seus atributos, juntamente com todas as instâncias da relação, que são frequentemente muito numerosas. São armazenados em texto simples para facilitar a sua manipulação.

As relações são simplesmente uma palavra ou uma cadeia de caracteres que designa o conceito a aprender. Cada atributo tem um nome, um tipo de dados (que deve ser um enumerado, real ou inteiro) e um intervalo de valores (enumerações para dados nominais, intervalos para dados numéricos). As instâncias da relação são fornecidas em forma separada por vírgulas para simplificar a interação com folhas de cálculo e bases de dados. Os valores em falta ou desconhecidos são especificados pelo carácter "?".

5.4 Resultados sobre métodos de seleção de caraterísticas e máquinas Técnicas de aprendizagem para conjuntos de dados Webkb e ODP

As experiências e os resultados são apresentados nesta secção. É proposto um novo algoritmo híbrido de seleção de caraterísticas para a classificação de páginas Web. Para testar a eficácia do algoritmo de seleção de caraterísticas proposto, as experiências começam com os conjuntos de dados e os classificadores de aprendizagem automática.

5.4.1 Experiência 1: Os documentos positivos são mais e os negativos são menos

Na experiência 1, foram utilizados três conjuntos de dados, nomeadamente, professores, desportos e cursos. Para o conjunto de dados da faculdade, foram selecionadas 1124 páginas como documentos Web positivos (relevantes) (categoria da faculdade) e 208 páginas como documentos Web negativos (irrelevantes) (categoria não pertencente à faculdade), sendo selecionados um total de 1332 documentos Web. Foram selecionados 1233 documentos Web, dos quais 1001 páginas foram retiradas da categoria de desporto para documentos Web positivos e 232 páginas da categoria de não desporto para documentos Web negativos. Na categoria curso, 930 páginas foram retiradas como documentos Web positivos e 361 páginas como documentos Web negativos (categoria não curso), tendo sido selecionados um total de 1291 documentos Web.

Estas três categorias são consideradas como conjuntos de dados de treino. Através do processo de seleção de caraterísticas especificado na secção 4.5.3, que é o processo inicial, o conjunto inicial de caraterísticas (IFS) é selecionado a partir de cada categoria do conjunto de dados de treino. No segundo processo, os IFS de cada categoria são dados como entrada para o método de seleção de caraterísticas PCA separadamente. Estes IFS são reduzidos a 76 caraterísticas para a classe dos professores e a 83 caraterísticas para as classes dos desportos e dos cursos. Utilizando o método de seleção de caraterísticas PCA, foram eliminadas 24 caraterísticas da classe de professores e 17 caraterísticas de cada uma das classes de desporto e de curso.

No terceiro processo, as caraterísticas resultantes do segundo processo são introduzidas nos métodos combinados de pesquisa genética e de pesquisa de classificação que fazem parte do método de avaliação de caraterísticas CSE e reduziram 76 caraterísticas a 56 caraterísticas na classe dos professores, 83 caraterísticas a 59 caraterísticas na classe dos desportos e 83 caraterísticas a 61 caraterísticas na classe dos cursos. As caraterísticas resultantes dos métodos CSE e de pesquisa são consideradas como IMFS. A partir desta experiência 1, foram eliminadas 44 caraterísticas da classe dos professores, 41 caraterísticas da classe dos desportos e 39 caraterísticas da classe dos cursos.

No processo final, as caraterísticas resultantes de cada categoria de IMFS são colocadas no meta-classificador ASC. O meta-classificador ASC seleciona apenas 11, 22 e 17 caraterísticas para o corpo docente, o desporto e a classe do curso, respetivamente. As caraterísticas resultantes do IMFS e do ASC são testadas com os classificadores de aprendizagem automática e verifica-se que a eliminação de caraterísticas irrelevantes, redundantes e ruidosas pelo IMFS e pelo ASC aumenta a exatidão da classificação e diminui o tempo de pesquisa nos documentos Web em comparação com o IFS. Os valores de precisão resultantes e o tempo de computação para o IMFS e o ASC de cada classificador de páginas Web são apresentados em negrito para os conjuntos de dados de desporto, faculdade e curso nas Tabelas 5.6 a 5.11 (nas tabelas, "A" e "T" representam a precisão e o tempo em segundos).

Foram utilizadas dez (10) validações cruzadas para todas as experiências nos conjuntos de dados de treino e de teste. A validação cruzada é uma técnica que avalia os resultados de uma análise matemática. Permite generalizar um conjunto de dados autónomo. O principal objetivo da validação cruzada é prever e é necessário estimar a precisão da execução de um modelo presciente na prática. Uma ronda de validação cruzada envolve a partição de uma amostra de informação em subconjuntos recíprocos, a realização da análise num subconjunto (conjunto de treino) e a aprovação da investigação do outro subconjunto (conjunto de validação ou conjunto de teste). Para reduzir a variabilidade, a execução de diferentes rondas de validação cruzada é efectuada utilizando diferentes partições e os resultados da validação são calculados como a média das rondas.

Tabela 5.6 Precisão da classificação e tempo de pesquisa dos classificadores Bayes nos conjuntos de dados de desporto, faculdade e curso

Classificadores	Métodos (Desporto)					
BAIAS	IFS		IMFS		ASC	
	A	T	A	T	A	T
BN	89.78	0.11	**89.92**	**0.06**	**89.94**	0.03
BNC	89.62	0.03	88.40	0.03	88.48	0.02
NB	80.54	0.11	61.72	0.05	**86.70**	0.02

Classificadores	Métodos (Faculdade)					
BAIAS	IFS		IMFS		ASC	
	A	T	A	T	A	T

BN	90.99	0.08	90.92	0.08	**91.97**	**0.05**
BNC	92.04	0.03	91.97	0.02	89.56	0.02
NB	84.38	0.07	**85.36**	**0.03**	**85.68**	**0.02**

Classificado res^	Métodos (Curso)					
BAIAS	**IFS**		**IMFS**		**ASC**	
	A	T	A	T	A	T
BN	94.19	0.16	93.57	0.09	**94.66**	**0.03**
BNC	94.82	0.05	**95.51**	**0.03**	95.72	0.02
NB	79.63	0.14	77.15	0.06	**83.35**	**0.03**

A Tabela 5.6 mostra a exatidão da classificação e o tempo de computação para os classificadores Bayes. No conjunto de dados sobre desporto, utilizando o classificador Bayes Net (BN), os resultados melhoraram tanto no IMFS como no ASC em comparação com o IFS e, no classificador Naive Bayes (NB), o resultado melhorou apenas no ASC. Relativamente ao conjunto de dados dos docentes, no caso do classificador NB, os resultados melhoraram tanto no IMFS como no ASC, em comparação com o IFS. No classificador BN, o resultado melhorou apenas no ASC. No conjunto de dados do curso, os resultados dos classificadores BN, Complement Naive Bayes (CNB) e NB melhoraram no ASC e, no caso do classificador CNB, o resultado melhorou apenas no IMFS em comparação com o IFS. A partir da Tabela 5.6, observa-se que a precisão mais elevada para o IMFS é de 95,51 (0,03 segundos) e para o ASC é de **95,72 (0,02 segundos) no classificador CNB em comparação com o IFS utilizando o conjunto de dados do curso.**

Tabela 5.7 Exatidão da classificação e tempo de pesquisa para Função classificadores em conjuntos de dados de desportos, faculdades e cursos

Classificadore s	Métodos (Desporto)					
FUNÇÕES	**IFS**		**IMFS**		**ASC**	
	A	T	A	T	A	T
LOG	88.48	1.75	**89.78**	**0.84**	90.11	0.13
LIBSVM	81.10	1.23	**81.14**	**0.64**	81.18	0.47
SL	89.13	16.1	**89.38**	**6.42**	90.11	3.03

Classificadore s,	Métodos (Faculdade)	

FUNÇÕES	IFS		IMFS		ASC	
	A	T	A	T	A	T
LOG	90.17	0.80	**91.07**	**0.42**	**91.21**	**0.19**
LIBSVM	88.44	0.62	**89.56**	**0.47**	**89.94**	**0.28**
SL	90.69	11.30	**91.37**	**9.26**	**92.02**	**2.02**

Classificador es,^	Métodos (Curso)					
FUNÇÕES	IFS		IMFS		ASC	
	A	T	A	T	A	T
LOG	93.80	0.75	**94.89**	**0.44**	**95.58**	0.20
LIBSVM	88.30	1.06	**88.38**	**0.67**	**92.87**	0.34
SL	94.20	9.95	**95.43**	**7.30**	**95.43**	2.22

A Tabela 5.7 mostra a exatidão da classificação e o tempo de computação para os classificadores funcionais. Nos conjuntos de dados relativos ao desporto, à faculdade e ao curso, os valores da precisão aumentaram e o tempo de pesquisa diminuiu tanto na IMFS como na ASC, utilizando os classificadores Regressão Logística Multinomial (LOG), LIBSVM e Logística Simples (SL). A partir da Tabela 5.7, observa-se que a precisão mais elevada para a IMFS é de 95,43 (7,30 segundos) utilizando SL
e o ASC é de 95,58 (0,20 segundos) utilizando o classificador LOG para o conjunto de dados do curso.

Tabela 5.8 Precisão da classificação e tempo de pesquisa do classificador Lazy para os conjuntos de dados de desporto, faculdade e curso

Classificador	Métodos (Desporto)					
PREGUIÇO SO	IFS		IMFS		ASC	
	A	T	A	T	A	T
KSTAR	81.59	0.00	**82.67**	**0.00**	**83.70**	**0.00**
Classificador .^	Métodos (Faculdade)					
PREGUIÇO SO	IFS		IMFS		ASC	
	A	T	A	T	A	T
KSTAR	90.54	0.00	**90.74**	**0.00**	**90.74**	**0.00**

Classificador	Métodos (Curso)					
PREGUIÇO SO	IFS		IMFS		ASC	
	A	T	A	T	A	T

| KSTAR | 90.70 | 0.00 | **91.79** | **0.00** | **94.27** | **0.00** |

A Tabela 5.8 mostra a exatidão da classificação e o tempo de computação para o classificador Lazy. Os resultados melhoraram tanto no IMFS como no ASC em comparação com o IFS. A partir do quadro 5.8, observa-se que a exatidão máxima para o classificador preguiçoso do IMFS é de 91,79 (0 segundos) e a do ASC é de 94,27 (0 segundos) utilizando o classificador KSTAR.

Tabela 5.9 Precisão da classificação e tempo de pesquisa dos classificadores de regras para os conjuntos de dados de desporto, faculdade e curso

Classificadores.^	Métodos (Desporto)					
REGRAS	IFS		IMFS		ASC	
	A	T	A	T	A	T
DT	86.94	3.70	84.02	2.19	**87.19**	**0.47**
DTNB	87.19	343	85.56	63.4	**87.35**	**4.40**
PARTE	87.67	0.93	86.62	0.78	87.02	0.27

Classificadores	Métodos (Faculdade)					
REGRAS	IFS		IMFS		ASC	
	A	T	A	T	A	T
DT	88.14	2.64	**88.34**	**1.53**	**89.19**	**0.17**
DTNB	89.41	377	87.91	74.3	**91.44**	**0.56**
PARTE	91.14	0.61	91.07	0.33	**91.59**	**0.31**

Classificadores	Métodos (Curso)					
REGRAS	IFS		IMFS		ASC	
	A	T	A	T	A	T
DT	93.03	1.61	**93.33**	**0.34**	**93.43**	**0.34**
DTNB	94.04	84.49	**95.28**	**2.53**	**95.28**	**2.53**
PARTE	93.42	0.46	**94.66**	**0.16**	**95.82**	**0.36**

A Tabela 5.9 mostra a exatidão da classificação e o tempo de computação para os classificadores de regras. Os resultados melhoraram no IMFS e no ASC em comparação com o IFS, utilizando o conjunto de dados do curso. Quando se utilizam classificadores de regras, a maior exatidão para o IMFS é de 95,28 (2,53 segundos) na Decisão

Tabela/Naive Bayes (DTNB) e ASC é de 95,82 (0,36 segundos) numa árvore de decisão C4.5 parcial (PART).

Tabela 5.10 Exatidão da classificação e tempo de pesquisa para Meta

classificadores para conjuntos de dados de desportos, faculdades e cursos

Classificadores	Métodos (Desporto)					
META	IFS		IMFS		ASC	
	A	T	A	T	A	T
CBND	87.43	1.23	**88.00**	**0.63**	87.59	0.27
RILB	89.46	7.55	**89.60**	**4.21**	89.93	1.40
TS	86.62	3.04	**89.38**	**0.78**	90.43	0.20

Classificadores^	Métodos (Faculdade)					
META	IFS		IMFS		ASC	
	A	T	A	T	A	T
CBND	91.82	1.14	**92.57**	**1.02**	92.94	0.42
RILB	91.97	6.05	**92.19**	**3.94**	92.79	0.69
TS	88.06	1.47	**88.99**	**0.52**	89.41	0.11

Classificadores	Métodos (Curso)					
META	IFS		IMFS		ASC	
	A	T	A	T	A	T
CBND	94.35	1.11	**95.20**	**0.59**	95.89	0.17
RILB	94.97	6.29	**95.28**	**3.79**	96.99	0.91
TS	92.87	1.03	**94.58**	**0.66**	95.51	0.20

A Tabela 5.10 mostra a exatidão da classificação e o tempo de computação dos meta-classificadores. A partir dos conjuntos de dados relativos ao desporto, ao corpo docente e aos cursos, todos os meta-classificadores, nomeadamente Class-Balanced Nested Dichotomies (CBND), Raced Incremental Logit Boost (RILB) e Threshold Seletor (TS), melhoraram os resultados tanto no IMFS como no ASC. A precisão mais elevada para o IMFS é de 95,28 (3,79 segundos) e para o ASC é de 96,99 (0,91 segundos) utilizando o metaclassificador RILB.

Tabela 5.11 Exatidão da classificação e tempo de pesquisa para Árvores classificadores para conjuntos de dados de desportos, faculdades e cursos

Classificadores	Métodos (Desporto)					
ÁRVORES	IFS		IMFS		ASC	
	A	T	A	T	A	T
FT	88.24	1.92	**88.50**	1.09	**89.29**	0.55

| LMT | 89.13 | 139 | **89.38** | **51.2** | **90.02** | **20.92** |
| RF | 85.40 | 0.37 | **86.37** | **0.25** | **87.83** | **0.19** |

Classificador es^	Métodos (Faculdade)					
ÁRVORES	**IFS**		**IMFS**		**ASC**	
	A	T	A	T	A	T
FT	90.32	2.30	**90.94**	**1.00**	**90.84**	**0.55**
LMT	91.07	59.81	**91.37**	**41.57**	**91.37**	**9.52**
RF	90.99	0.38	**91.89**	**0.32**	**92.86**	**0.16**

Classificador es.	Métodos (Curso)					
ÁRVORES	**IFS**		**IMFS**		**ASC**	
	A	T	A	T	A	T
FT	94.04	1.86	**95.35**	**1.17**	**95.97**	**0.38**
LMT	94.58	43.16	**95.82**	**30.78**	**95.89**	**15.39**
RF	94.66	0.34	**95.12**	**0.25**	**95.73**	**0.17**

A Tabela 5.11 mostra a exatidão da classificação e o tempo de computação para os classificadores em árvore. Com a utilização de classificadores em árvore, os valores de exatidão do IMFS e do ASC aumentaram e o tempo de pesquisa diminuiu em comparação com o IFS, sendo os resultados apresentados na Tabela 5.11. Durante a utilização de classificadores em árvore, observa-se que a precisão mais elevada para o IMFS é de 95,82 (30,78 segundos) no Logistic Model Trees (LMT) e o ASC é de 95,97 (0,38 segundos) no classificador Functional Trees (FT). Os valores de precisão preditiva de todos os classificadores para os três conjuntos de dados são apresentados na Figura 5.3, que também apoia os resultados inferidos das Tabelas 5.6 a 5.11.

Nas Tabelas 5.6 a 5.11, as colunas indicam a precisão e o tempo dos métodos IFS, IMFS e ASC para diferentes conjuntos de dados e as linhas indicam os diferentes classificadores de aprendizagem automática utilizados nas experiências. Na Figura 5.3, o eixo X representa os métodos IFS, IMFS e ASC para a Experiência 1, utilizando o conjunto de dados de desporto, faculdade e curso, e o eixo Y representa os valores de precisão preditiva de Bayes, Funções, Classificadores Preguiçoso, Meta, Regras e Árvore.

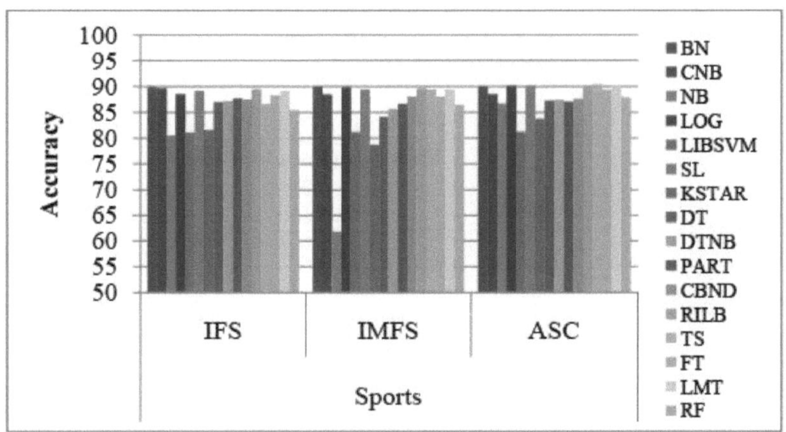

Figura 5.3 (continuação)

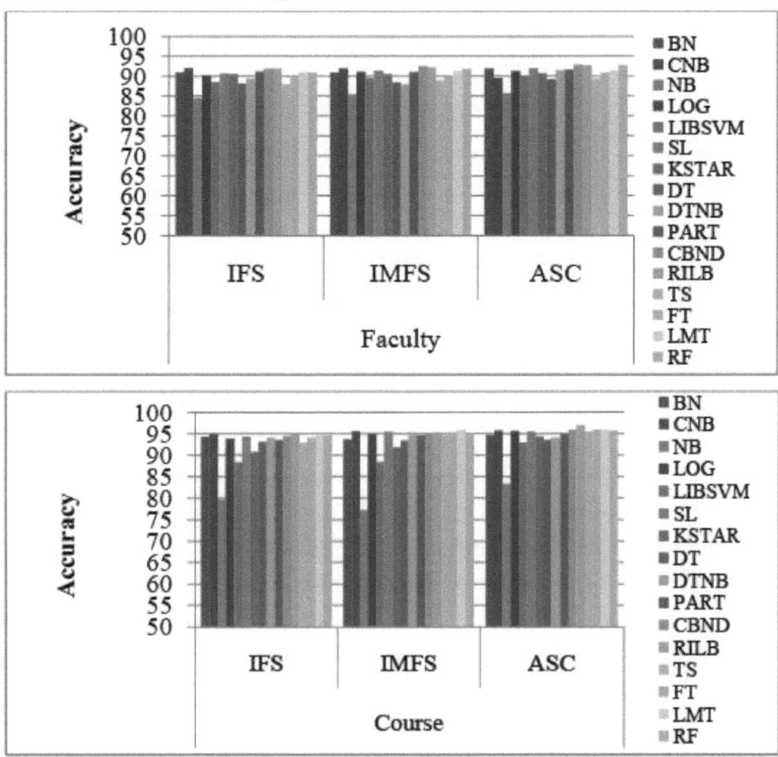

Figura 5.3 Valores de precisão preditiva dos classificadores Bayes, Função, Preguiçoso, Regras, Meta e Árvore para a Experiência 1 utilizando conjuntos de dados de desporto, faculdade e curso

A principal contribuição é o estudo do desempenho da classificação em termos de exatidão com diferentes classificadores de aprendizagem automática. A comparação de diferentes classificadores com base nas métricas de desempenho TP Rate, FP Rate, Precision, Recall, F-Measure, Kappa statistic, Mean absolute error e Root mean squared error em caraterísticas reduzidas por diferentes métodos de classificação permite concluir que os resultados são fiáveis. As métricas de desempenho dos diferentes classificadores são apresentadas nas Tabelas 5.12 a 5.47, respetivamente, para os conjuntos de dados de desporto, faculdade e curso, utilizando IFS e FFS para a Experiência 1.

Tabela 5.12 Desempenho dos classificadores de Bayes para o conjunto de dados de desportos utilizando o IFS

Bayes Classificadores	N.º de Instâncias	N.º de instâncias corretamente classificadas	N.º de casos classificados incorretamente	TP Taxa	PF Taxa	Precisão	Recall	F-Medida	Estatística Kappa	Erro absoluto médio	Raiz média ao quadrado do erro
BN	1233	1107	126	0.944	0.302	0.931	0.944	0.938	0.6576	0.1093	0.275
				0.698	0.056	0.743	0.698	0.72			
BNC	1233	1105	128	0.956	0.362	0.919	0.956	0.937	0.6361	0.2104	0.2847
				0.638	0.044	0.771	0.638	0.698			
NB	1233	993	240	0.816	0.241	0.936	0.816	0.872	0.4743	0.219	0.4158
				0.759	0.184	0.489	0.759	0.595			

Tabela 5.13 Desempenho dos classificadores de funções para o conjunto de dados de desporto utilizando o IFS

Funções Classificadores	N.º de Instâncias	N.º de instâncias corretamente classificadas	N.º de casos classificados incorretamente	TP Taxa	PF Taxa	Precisão	Recall	F-Medida	Estatística Kappa	Erro absoluto médio	Raiz média ao quadrado do erro
LOG	1233	1091	142	0.936	0.336	0.923	0.936	0.93	0.6141	0.1263	0.3017
				0.664	0.064	0.706	0.664	0.684			
LIBSVM	1233	1000	233	0.972	0.858	0.83	0.972	0.896	0.1594	0.1848	0.4209
				0.142	0.028	0.541	0.142	0.225			
SL	1233	1099	134	0.955	0.384	0.915	0.955	0.935	0.6163	0.1368	0.2716
				0.616	0.045	0.761	0.616	0.681			

Tabela 5.14 Desempenho do classificador Lazy para o conjunto de dados de desporto utilizando o IFS

Preguiçoso Classificador	N.º de Instâncias	N.º de instâncias corretamente classificadas	N.º de casos classificados incorretamente	TP Taxa	PF Taxa	Precisão	Recall	F-Medida	Estatística Kappa	Erro absoluto médio	Raiz média ao quadrado do erro
KSTAR	1233	1006	227	0.972	0.858	0.83	0.972	0.896	0.1594	0.1848	0.4209
				0.142	0.028	0.541	0.142	0.225			

Tabela 5.15 Desempenho dos classificadores de regras para o conjunto de dados

de desporto utilizando o IFS

Regras Classificadores	N.º de Instâncias	N.º de instâncias corretamente classificadas	N.º de casos classificados incorretamente	TP Taxa	PF Taxa	Precisão	Recall	F-Medida	Estatística Kappa	Erro absoluto médio	Raiz erro médio quadrático
DT	1233	1072	161	0.965	0.543	0.885	0.965	0.923	0.4968	0.2494	0.3387
				0.457	0.035	0.752	0.457	0.568			
DTNB	1233	1075	158	0.933	0.392	0.911	0.933	0.922	0.5632	0.168	0.303
				0.608	0.067	0.678	0.608	0.641			
PARTE	1233	1081	152	0.932	0.362	0.917	0.932	0.925	0.5855	0.1279	0.3437
				0.638	0.068	0.685	0.638	0.661			

Tabela 5.16 Desempenho dos meta-classificadores para o conjunto de dados de desporto utilizando o IFS

Meta Classificadores	N.º de Instâncias	N.º de instâncias corretamente classificadas	N.º de casos classificados incorretamente	TP Taxa	PF Taxa	Precisão	Recall	F-Medida	Estatística Kappa	Erro absoluto médio	Raiz média ao quadrado do erro
CBND	1233	1078	155	0.96	0.496	0.893	0.96	0.925	0.5302	0.1944	0.3057
				0.504	0.04	0.745	0.504	0.602			
RILB	1233	1103	130	0.968	0.422	0.908	0.968	0.937	0.6126	0.1721	0.2849
				0.578	0.032	0.807	0.578	0.673			
TS	1233	1068	165	0.982	0.634	0.87	0.982	0.923	0.443	0.1329	0.3048
				0.366	0.018	0.825	0.366	0.507			

Tabela 5.17 Desempenho dos classificadores Trees para o conjunto de dados de desporto utilizando o IFS

Árvores Classificadores	N.º de Instâncias	N.º de instâncias corretamente classificadas	N.º de casos classificados incorretamente	TP Taxa	PF Taxa	Precisão	Recall	F-Medida	Estatística Kappa	Erro absoluto médio	Raiz erro médio quadrático
FT	1291	1088	145	0.932	0.332	0.924	0.932	0.928	0.6092	0.1279	0.3321
				0.668	0.068	0.695	0.668	0.681			
LMT	1291	1099	134	0.955	0.384	0.915	0.955	0.935	0.6163	0.1368	0.2716
				0.616	0.045	0.761	0.616	0.681			
RF	1291	1053	180	0.97	0.647	0.866	0.97	0.915	0.4037	0.1951	0.3029
				0.353	0.03	0.732	0.353	0.477			

O desempenho de diferentes classificadores Bayes, Functions, Lazy, Rules, Meta e Tree em caraterísticas originais (IFS) utilizando o conjunto de dados de desportos é apresentado nas Tabelas 5.12 a 5.17, respetivamente.

Tabela 5.18 Desempenho dos classificadores de Bayes para o conjunto de dados de desportos utilizando FFS

Bayes Classificadores	N.º de Instâncias	N.º de instâncias corretame	N.º de casos classificad	TP Taxa	PF Taxa	Precisão	Recall	F-Medida	Estatística Kappa	Erro absoluto médio	Raiz média ao

		nte classificadas	os incorretamente								quadrado erro
BN	1233	1109	124	0.946	0.302	0.931	0.946	0.939	0.6619	0.1241	0.2732
				0.698	0.054	0.75	0.698	0.723			
BNC	1233	1091	142	0.959	0.435	0.905	0.959	0.931	0.5815	0.2384	0.3053
				0.565	0.041	0.762	0.565	0.649			
NB	1233	1069	164	0.941	0.453	0.9	0.941	0.92	0.5287	0.1407	0.3463
				0.547	0.059	0.683	0.547	0.608			

Tabela 5.19Desempenho dos classificadores de funções para o conjunto de dados de desporto utilizando FFS

Funções Classificadores	N.º de Instâncias	N.º de instâncias corretamente classificadas	N.º de casos classificados incorretamente	TP Taxa	PF Taxa	Precisão	Recall	F-Medida	Estatística Kappa	Erro absoluto médio	Raiz média ao quadrado do erro
LOG	1233	1111	122	0.962	0.362	0.92	0.962	0.94	0.6494	0.1333	0.2635
				0.638	0.038	0.796	0.638	0.708			
LIBSVM	1233	1001	232	0.998	0.991	0.813	0.998	0.896	0.0106	0.1882	0.4338
				0.009	0.002	0.5	0.009	0.017			
SL	1233	1111	122	0.968	0.388	0.915	0.968	0.941	0.6417	0.1418	0.2662
				0.612	0.032	0.816	0.612	0.7			

Tabela 5.20 Desempenho do classificador Lazy para o conjunto de dados de desporto utilizando FFS

Preguiçoso Classificador	N.º de Instâncias	N.º de instâncias corretamente classificadas	N.º de Instâncias incorretamente classificadas	TP Taxa	PF Taxa	Precisão	Recall	F-Medida	Estatística Kappa	Erro absoluto médio	Raiz erro médio quadrático
KSTAR	1233	1032	201	0.945	0.629	0.866	0.945	0.904	0.3718	0.1867	0.3553
				0.371	0.055	0.61	0.371	0.461			

Tabela 5.21 Desempenho dos classificadores de regras para o conjunto de dados de desporto utilizando FFS

Classificadores de regras	Número de instâncias	N.º de instâncias corretamente classificadas	N.º de casos classificados incorretamente	Taxa TP	Taxa FP	Precisão	Recall	F-Medida	Estatística Kappa	Erro absoluto médio	Raiz do erro quadrático médio
DT	1233	1075	158	0.933	0.392	0.911	0.933	0.922	0.5632	0.168	0.303
				0.608	0.067	0.678	0.608	0.641			
DTNB	1233	1077	156	0.925	0.349	0.92	0.925	0.922	0.5817	0.1744	0.3026
				0.651	0.075	0.668	0.651	0.659			
PARTE	1233	1073	160	0.939	0.427	0.905	0.939	0.922	0.5467	0.1419	0.3356
				0.573	0.061	0.686	0.573	0.624			

Tabela 5.22 Desempenho dos meta-classificadores para o conjunto de dados de desporto utilizando FFS

Meta Classificadores	N.º de Instâncias	N.º de instâncias corretamente classificadas	N.º de casos classificados incorretamente	TP Taxa	PF Taxa	Precisão	Recall	F-Medida	Estatística Kappa	Erro absoluto médio	Raiz erro médio quadrático
CBND	1233	1080	153	0.951	0.448	0.902	0.951	0.926	0.5531	0.1847	0.2964
				0.552	0.049	0.723	0.552	0.626			
RILB	1233	1109	124	0.938	0.284	0.934	0.938	0.936	0.6579	0.1198	0.2777
				0.716	0.062	0.728	0.716	0.722			
TS	1233	1115	118	0.954	0.31	0.93	0.954	0.942	0.6727	0.1367	0.2643
				0.69	0.046	0.777	0.69	0.731			

Tabela 5.23 Desempenho dos classificadores de árvores para o conjunto de dados de desporto utilizando FFS

Árvores Classificadores	N.º de Instâncias	N.º de instâncias corretamente classificadas	N.º de casos classificados incorretamente	TP Taxa	PF Taxa	Precisão	Recall	F-Medida	Estatística Kappa	Erro absoluto médio	Raiz média ao quadrado do erro
FT	1233	1101	132	0.939	0.306	0.93	0.939	0.934	0.6437	0.1214	0.3051
				0.694	0.061	0.725	0.694	0.709			
LMT	1233	1110	123	0.966	0.384	0.916	0.966	0.94	0.6408	0.1411	0.2713
				0.616	0.034	0.808	0.616	0.699			
RF	1233	1083	150	0.96	0.474	0.897	0.96	0.928	0.5496	0.156	0.287
				0.526	0.04	0.753	0.526	0.619			

O desempenho de diferentes classificadores Bayes, Functions, Lazy, Rules, Meta e Tree em caraterísticas reduzidas (FFS) utilizando o conjunto de dados sobre desportos é apresentado nos quadros 5.18 a 5.23, respetivamente. A partir destas caraterísticas reduzidas, os resultados são melhorados em comparação com o IFS.

Tabela 5.24 Desempenho dos classificadores de Bayes para o conjunto de dados da faculdade utilizando o IFS

Bayes Classificadores	N.º de Instâncias	N.º de instâncias corretamente classificadas	N.º de casos classificados incorretamente	TP Taxa	PF Taxa	Precisão	Recall	F-Medida	Estatística Kappa	Erro absoluto médio	Raiz média ao quadrado do erro
BN	1332	1212	120	0.946	0.284	0.947	0.946	0.947	0.6595	0.1161	0.2739
				0.716	0.054	0.71	0.716	0.713			
BNC	1332	1226	106	0.97	0.346	0.938	0.97	0.954	0.6738	0.173	0.2484
				0.654	0.03	0.8	0.654	0.72			
NB	1332	1124	208	0.948	0.716	0.877	0.948	0.911	0.2806	0.157	0.391
				0.284	0.052	0.5	0.284	0.362			

Tabela 5.25 Desempenho dos classificadores de funções para o conjunto de dados do corpo docente utilizando o IFS

Funções Classificadores	N.º de Instâncias	N.º de instâncias corretamente	N.º de casos classificados	TP Taxa	PF Taxa	Precisão	Recall	F-Medida	Estatística Kappa	Erro absoluto médio	Raiz média ao quadra

		classificad as	incorretam ente								do erro
LOG	1332	1201	131	0.948	0.351	0.936	0.948	0.942	0.6155	0.1155	0.2732
				0.649	0.052	0.699	0.649	0.673			
LIBSVM	1332	1178	154	0.994	0.707	0.884	0.994	0.936	0.3955	0.1156	0.34
				0.293	0.006	0.897	0.293	0.442			
SL	1332	1208	124	0.972	0.447	0.922	0.972	0.946	0.5979	0.1345	0.258
				0.553	0.028	0.788	0.553	0.65			

Tabela 5.26 Desempenho do classificador preguiçoso para o conjunto de dados da faculdade utilizando o IFS

Preguiçoso Classificador	N.º de Instâncias	N.º de instâncias corretamente classificadas	N.º de casos classificados incorretamente	TP Taxa	PF Taxa	Precisão	Recall	F-Medida	Estatística Kappa	Erro absoluto médio	Raiz média ao quadrado do erro
KSTAR	1332	1206	126	0.967	0.428	0.924	0.967	0.945	0.6004	0.1068	0.2751
				0.572	0.033	0.763	0.572	0.654			

Tabela 5.27 Desempenho dos classificadores de regras para o conjunto de dados da faculdade utilizando o IFS

Regras Classificadores	N.º de Instâncias	N.º de instâncias corretamente classificadas	N.º de casos classificados incorretamente	TP Taxa	PF Taxa	Precisão	Recall	F-Medida	Estatística Kappa	Erro absoluto médio	Raiz média ao quadrado do erro
DT	1332	1174	158	0.956	0.524	0.908	0.956	0.932	0.49	0.1675	0.2952
				0.476	0.044	0.669	0.476	0.556			
DTNB	1332	1191	141	0.945	0.38	0.931	0.945	0.938	0.5845	0.1457	0.2812
				0.62	0.055	0.675	0.62	0.647			
PARTE	1332	1214	118	0.954	0.317	0.942	0.954	0.948	0.6544	0.0957	0.2895
				0.683	0.046	0.732	0.683	0.706			

Tabela 5.28 Desempenho dos meta-classificadores para o conjunto de dados da faculdade utilizando o IFS

Meta Classificadores	N.º de Instâncias	N.º de instâncias corretamente classificadas	N.º de casos classificados incorretamente	TP Taxa	PF Taxa	Precisão	Recall	F-Medida	Estatística Kappa	Erro absoluto médio	Raiz do erro quadrático médio
CBND	1332	1223	109	0.967	0.346	0.938	0.967	0.952	0.6666	0.1293	0.2467
				0.654	0.033	0.786	0.654	0.714			
RILB	1332	1225	107	0.963	0.313	0.943	0.963	0.953	0.6808	0.1151	0.2331
				0.688	0.037	0.773	0.688	0.728			
TS	1332	1173	159	0.968	0.591	0.898	0.968	0.932	0.454	0.1205	0.2815
				0.409	0.032	0.702	0.409	0.517			

Tabela 5.29 Desempenho dos classificadores Trees para o conjunto de dados da faculdade utilizando o IFS

Árvores Classificadores	N.º de Instâncias	N.º de instâncias corretamente classificadas	N.º de casos Incorreto Classificados	TP Taxa	PF Taxa	Precisão	Recall	F-Medida	Estatística Kappa	Erro absoluto médio	Raiz média ao quadra

		classifica das	Instâncias								do erro
FT	1332	1203	129	0.945	0.322	0.941	0.945	0.943	0.6289	0.1065	0.2975
				0.678	0.055	0.695	0.678	0.686			
LMT	1332	1213	119	0.962	0.365	0.934	0.962	0.948	0.6376	0.1198	0.2695
				0.635	0.038	0.754	0.635	0.689			
RF	1332	1212	120	0.979	0.462	0.92	0.979	0.948	0.602	0.1356	0.2536
				0.538	0.021	0.824	0.538	0.651			

O desempenho dos diferentes classificadores Bayes, Functions, Lazy, Rules, Meta e Tree nas caraterísticas originais (IFS) utilizando o conjunto de dados da faculdade é apresentado nas Tabelas 5.24 a 5.29, respetivamente.

Tabela 5.30 Desempenho dos classificadores de Bayes para o conjunto de dados da faculdade utilizando FFS

Bayes Classifica dores	N.º de Instâncias	N.º de instâncias corretamente classificadas	N.º de Instâncias incorretamente classificadas	TP Taxa	PF Taxa	Precisão	Recall	F-Medida	Estatística Kappa	Erro absoluto médio	Raiz média ao quadrado do erro
BN	1332	1225	107	0.96	0.298	0.946	0.96	0.953	0.6847	0.1204	0.2481
				0.702	0.04	0.764	0.702	0.732			
BNC	1332	1193	139	0.985	0.587	0.901	0.985	0.941	0.5015	0.2262	0.2838
				0.413	0.015	0.835	0.413	0.553			
NB	1332	1141	191	0.93	0.549	0.903	0.93	0.916	0.409	0.1423	0.3675
				0.451	0.07	0.541	0.451	0.492			

Tabela 5.31 Desempenho dos classificadores de funções para o conjunto de dados do corpo docente utilizando FFS

Funções Classifica dores	N.º de Instâncias	N.º de instâncias corretamente classificadas	N.º de casos classificados incorretamente	TP Taxa	PF Taxa	Precisão	Recall	F-Medida	Estatística Kappa	Erro absoluto médio	Raiz média ao quadrado do erro
LOG	1332	1215	117	0.981	0.462	0.92	0.981	0.95	0.6093	0.0878	0.2964
				0.538	0.019	0.842	0.538	0.657			
LIBSVM	1332	1198	134	0.963	0.442	0.922	0.963	0.942	0.5768	0.1006	0.3172
				0.558	0.037	0.734	0.558	0.634			
SL	1332	1226	106	0.97	0.346	0.938	0.97	0.954	0.6738	0.173	0.2484
				0.654	0.03	0.8	0.654	0.72			

Tabela 5.32 Desempenho do classificador preguiçoso para o conjunto de dados da faculdade utilizando FFS

Preguiçoso Classificador	N.º de Instâncias	N.º de instâncias corretamente classificadas	N.º de casos classificados incorretamente	TP Taxa	PF Taxa	Precisão	Recall	F-Medida	Estatística Kappa	Erro absoluto médio	Raiz média ao quadrado do erro
KSTAR	1332	1209	123	0.972	0.447	0.922	0.972	0.946	0.5979	0.1345	0.258
				0.553	0.028	0.788	0.553	0.65			

Tabela 5.33 Desempenho dos classificadores de regras para o conjunto de dados do corpo docente utilizando FFS

Regras Classificadores	N.º de Instâncias	N.º de instâncias corretamente classificadas	N.º de casos classificados incorretamente	TP Taxa	PF Taxa	Precisão	Recall	F-Medida	Estatística Kappa	Erro absoluto médio	Raiz média ao quadrado do erro
DT	1332	1188	144	0.961	0.481	0.915	0.961	0.938	0.5392	0.153	0.2756
				0.519	0.039	0.711	0.519	0.6			
DTNB	1332	1218	114	0.956	0.313	0.943	0.956	0.95	0.6647	0.1259	0.2504
				0.688	0.044	0.745	0.688	0.715			
PARTE	1332	1220	112	0.948	0.255	0.953	0.948	0.95	0.6847	0.1102	0.2562
				0.745	0.052	0.724	0.745	0.735			

Tabela 5.34 Desempenho dos meta-classificadores para o conjunto de dados da faculdade utilizando FFS

Meta Classificadores	N.º de Instâncias	N.º de instâncias corretamente classificadas	N.º de casos classificados incorretamente	TP Taxa	PF Taxa	Precisão	Recall	F-Medida	Estatística Kappa	Erro absoluto médio	Raiz erro médio quadrático
CBND	1332	1238	94	0.972	0.322	0.942	0.972	0.957	0.6972	0.1079	0.238
				0.678	0.028	0.815	0.678	0.74			
RILB	1332	1236	96	0.972	0.346	0.948	0.966	0.970	0.6722	0.1769	0.2454
				0.654	0.028	0.810	0.668	0.64			
TS	1332	1191	141	0.933	0.317	0.941	0.933	0.937	0.6053	0.1491	0.2669
				0.683	0.067	0.654	0.683	0.668			

Tabela 5.35 Desempenho dos classificadores das Árvores para o conjunto de dados da faculdade utilizando FFS

Árvores Classificadores	N.º de Instâncias	N.º de instâncias corretamente classificadas	N.º de casos classificados incorretamente	TP Taxa	PF Taxa	Precisão	Recall	F-Medida	Estatística Kappa	Erro absoluto médio	Raiz do erro quadrático médio
FT	1332	1210	122	0.945	0.288	0.947	0.945	0.946	0.6538	0.1063	0.2773
				0.712	0.055	0.705	0.712	0.708			
LMT	1332	1217	115	0.956	0.313	0.943	0.956	0.95	0.6647	0.1259	0.2504
				0.688	0.044	0.745	0.688	0.715			
RF	1332	1237	95	0.978	0.338	0.939	0.969	0.964	0.6728	0.1774	0.2434
				0.662	0.022	0.815	0.678	0.74			

As métricas de desempenho de diferentes classificadores Bayes, Functions, Lazy, Rules, Meta e Tree em caraterísticas reduzidas (FFS) utilizando o conjunto de dados da faculdade são apresentadas nas Tabelas 5.30 a 5.35, respetivamente. A partir destas caraterísticas reduzidas, os resultados são melhorados em comparação com as caraterísticas ruidosas originais (IFS).

Tabela 5.36 Desempenho dos classificadores Bayes para o conjunto de dados de cursos utilizando o IFS

Bayes Classificadores	N.º de Instâncias	N.º de instâncias	N.º de casos	TP Taxa	PF Taxa	Precisão	Recall	F-Medida	Estatística	Erro absoluto	Raiz erro

dores	s	corretamente classificadas	classificados incorretamente	TP Taxa	PF Taxa	Precisão	Recall	F-Medida	Estatística Kappa	Erro absoluto médio	Raiz erro médio quadrático
BN	1291	1216	75	0.946	0.069	0.972	0.946	0.959	0.8588	0.0628	0.2112
				0.931	0.054	0.87	0.931	0.9			
BNC	1291	1224	67	0.961	0.086	0.966	0.961	0.964	0.8717	0.0519	0.2278
				0.914	0.039	0.902	0.914	0.908			
NB	1291	1028	263	0.739	0.055	0.972	0.739	0.839	0.5747	0.2054	0.4433
				0.945	0.261	0.584	0.945	0.722			

Tabela 5.37Desempenho dos classificadores Functions para o conjunto de dados de cursos utilizando o IFS

Funções Classificadores	N.º de Instâncias	N.º de instâncias corretamente classificadas	N.º de casos classificados incorretamente	TP Taxa	PF Taxa	Precisão	Recall	F-Medida	Estatística Kappa	Erro absoluto médio	Raiz erro médio quadrático
LOG	1291	1211	80	0.954	0.102	0.96	0.954	0.957	0.847	0.0637	0.246
				0.898	0.046	0.883	0.898	0.89			
LIBSVM	1291	1140	151	0.992	0.399	0.865	0.992	0.924	0.6715	0.117	0.342
				0.601	0.008	0.969	0.601	0.742			
SL	1291	1216	75	0.946	0.069	0.972	0.946	0.959	0.8588	0.0628	0.2112
				0.931	0.054	0.87	0.931	0.9			

Tabela 5.38 Desempenho do classificador Lazy para o conjunto de dados de cursos utilizando o IFS

Preguiçoso Classificador	N.º de Instâncias	N.º de instâncias corretamente classificadas	N.º de casos classificados incorretamente	TP Taxa	PF Taxa	Precisão	Recall	F-Medida	Estatística Kappa	Erro absoluto médio	Raiz média ao quadrado do erro
KSTAR	1291	1171	120	0.925	0.139	0.945	0.925	0.935	0.7731	0.1058	0.2717
				0.861	0.075	0.816	0.861	0.838			

Tabela 5.39 Desempenho dos classificadores de regras para o conjunto de dados de cursos utilizando o IFS

Regras Classificadores	N.º de Instâncias	N.º de instâncias corretamente classificadas	N.º de casos classificados incorretamente	TP Taxa	PF Taxa	Precisão	Recall	F-Medida	Estatística Kappa	Erro absoluto médio	Raiz média ao quadrado do erro
DT	1291	1201	90	0.976	0.188	0.93	0.976	0.953	0.8199	0.1873	0.2689
				0.812	0.024	0.93	0.812	0.867			
DTNB	1291	1214	77	0.975	0.15	0.944	0.975	0.959	0.848	0.1437	0.2196
				0.85	0.025	0.93	0.85	0.889			
PARTE	1291	1206	85	0.97	0.158	0.941	0.97	0.955	0.8325	0.1049	0.2352
				0.842	0.03	0.916	0.842	0.877			

Tabela 5.40 Desempenho dos meta-classificadores para o conjunto de dados de

cursos utilizando o IFS

Meta Classificadores	N.º de Instâncias	N.º de instâncias corretamente classificadas	N.º de casos classificados incorretamente	TP Taxa	PF Taxa	Precisão	Recall	F-Medida	Estatística Kappa	Erro absoluto médio	Raiz erro médio quadrático
CBND	1291	1218	73	0.931	0.025	0.99	0.931	0.96	0.8659	0.0565	0.2378
				0.975	0.069	0.846	0.975	0.906			
RILB	1291	1226	65	0.967	0.094	0.964	0.967	0.965	0.8747	0.0546	0.1983
				0.906	0.033	0.913	0.906	0.91			
TS	1291	1199	92	0.956	0.141	0.946	0.956	0.951	0.8216	0.0695	0.2488
				0.859	0.044	0.883	0.859	0.871			

Tabela 5.41 Desempenho dos classificadores Trees para o conjunto de dados de cursos utilizando o IFS

Árvores Classificadores	N.º de Instâncias	N.º de instâncias corretamente classificadas	N.º de casos classificados incorretamente	TP Taxa	PF Taxa	Precisão	Recall	F-Medida	Estatística Kappa	Erro absoluto médio	Raiz média ao quadrado do erro
FT	1291	1214	77	0.975	0.15	0.944	0.975	0.959	0.848	0.1437	0.2196
				0.85	0.025	0.93	0.85	0.889			
LMT	1291	1221	70	0.969	0.114	0.956	0.969	0.963	0.864	0.0896	0.1946
				0.886	0.031	0.917	0.886	0.901			
RF	1291	1222	69	0.963	0.097	0.962	0.963	0.963	0.8672	0.0621	0.1934
				0.903	0.037	0.906	0.903	0.904			

O desempenho dos diferentes classificadores Bayes, Functions, Lazy, Rules, Meta e Tree nas caraterísticas originais (IFS) utilizando o conjunto de dados do curso é apresentado nas Tabelas 5.36 a 5.41, respetivamente.

Tabela 5.42 Desempenho dos classificadores Bayes para o conjunto de dados de cursos utilizando FFS

Bayes Classificadores	N.º de Instâncias	N.º de instâncias corretamente classificadas	N.º de casos classificados incorretamente	TP Taxa	PF Taxa	Precisão	Recall	F-Medida	Estatística Kappa	Erro absoluto médio	Raiz erro médio quadrático
BN	1291	1222	69	0.963	0.097	0.962	0.963	0.963	0.8672	0.0621	0.1934
				0.903	0.037	0.906	0.903	0.904			
BNC	1291	1236	55	0.974	0.083	0.968	0.974	0.971	0.8956	0.0584	0.1849
				0.917	0.026	0.932	0.917	0.925			
NB	1291	1076	215	0.775	0.017	0.992	0.775	0.87	0.6473	0.1643	0.3827
				0.983	0.225	0.629	0.983	0.768			

Tabela 5.43 Desempenho dos classificadores de funções para o conjunto de dados de cursos utilizando FFS

Funções Classificadores	N.º de Instâncias	N.º de instâncias corretamente	N.º de casos classificados	TP Taxa	PF Taxa	Precisão	Recall	F-Medida	Estatística Kappa	Erro absoluto médio	Raiz média ao quadra

		classifica das	incorretam ente								do erro
LOG	1291	1234	57	0.981	0.108	0.959	0.981	0.97	0.8884	0.0629	0.1785
				0.892	0.019	0.947	0.892	0.919			
LIBSVM	1291	1199	92	0.983	0.211	0.923	0.983	0.952	0.8136	0.0713	0.267
				0.789	0.017	0.947	0.789	0.861			
SL	1291	1232	59	0.97	0.086	0.967	0.97	0.968	0.8863	0.0747	0.1842
				0.914	0.03	0.922	0.914	0.918			

Tabela 5.44 Desempenho do classificador Lazy para o conjunto de dados de cursos utilizando FFS

Preguiços o Classifica dor	N.º de Instância s	N.º de instâncias corretame nte classificad as	N.º de casos classificad os incorretam ente	TP Taxa	PF Taxa	Precisão	Recall	F- Medida	Estatíst ica Kappa	Erro absoluto médio	Raiz erro médio quadrát ico
KSTAR	1291	1217	74	0.968	0.122	0.953	0.968	0.961	0.856	0.0892	0.1989
				0.878	0.032	0.914	0.878	0.895			

Tabela 5.45 Desempenho dos classificadores de regras para o conjunto de dados de cursos utilizando FFS

Regras Classificado res	N.º de Instâncias	N.º de instâncias corretamen te classificada s	N.º de casos classificados incorretame nte	TP Taxa	PF Taxa	Precisão	Recall	F- Medida	Estatísti ca Kappa	Erro absoluto médio	Raiz do erro quadráti co médio
DT	1291	1206	85	0.97	0.158	0.941	0.97	0.955	0.8325	0.1049	0.2352
				0.842	0.03	0.916	0.842	0.877			
DTNB	1291	1230	61	0.971	0.094	0.964	0.971	0.967	0.882	0.0727	0.1989
				0.906	0.029	0.924	0.906	0.915			
PARTE	1291	1237	54	0.974	0.083	0.968	0.974	0.971	0.8956	0.0584	0.1849
				0.917	0.026	0.932	0.917	0.925			

Tabela 5.46 Desempenho dos meta-classificadores para o conjunto de dados de cursos utilizando FFS

Meta Classificado res	N.º de Instâncias	N.º de instâncias corretamen te classificada s	N.º de Incorreto Classificado s Instâncias	TP Taxa	PF Taxa	Precisão	Recall	F- Medida	Estatísti ca Kappa	Erro absoluto médio	Raiz do erro quadráti co médio
CBND	1291	1238	53	0.986	0.111	0.958	0.986	0.972	0.8957	0.086	0.1832
				0.889	0.014	0.961	0.889	0.924			
RILB	1291	1252	39	0.981	0.05	0.981	0.977	0.979	0.8781	0.0851	0.1905
				0.95	0.019	0.921	0.903	0.912			
TS	1291	1233	58	0.97	0.083	0.968	0.97	0.969	0.8883	0.0647	0.1818
				0.917	0.03	0.922	0.917	0.919			

Tabela 5.47 Desempenho dos classificadores Trees para o conjunto de dados de cursos utilizando FFS

Árvores Classifica dores	N.º de Instância s	N.º de instâncias corretam ente classifica	N.º de casos classificad os incorretam	TP Taxa	PF Taxa	Precisão	Recall	F- Medida	Estatíst ica Kappa	Erro absolut o médio	Raiz média ao quadra do

		das	ente								erro
FT	1291	1239	52	0.982	0.097	0.963	0.982	0.972	0.8985	0.0706	0.1879
				0.903	0.018	0.95	0.903	0.926			
LMT	1291	1238	53	0.986	0.111	0.958	0.986	0.972	0.8957	0.086	0.1832
				0.889	0.014	0.961	0.889	0.924			
RF	1291	1236	55	0.974	0.083	0.968	0.974	0.971	0.8956	0.0584	0.1849
				0.917	0.026	0.932	0.917	0.925			

As métricas de desempenho de diferentes classificadores de aprendizagem automática em caraterísticas reduzidas (FFS) utilizando o conjunto de dados do curso são apresentadas nos quadros 5.42 a 5.47, respetivamente. A partir dos resultados do FFS, o desempenho é melhorado em comparação com o IFS.

5.4.2 Experiência 2: Documentos Web positivos e negativos são iguais

Nesta experiência, foram retiradas 930 páginas da categoria "curso" para os documentos Web positivos e 930 páginas de uma categoria "não curso" para os documentos Web negativos, num total de 1860 documentos Web (dados de treino) retirados do conjunto de dados WebKb. Para esta experiência, foi utilizado um número igual de documentos Web positivos e negativos. É seguido o mesmo processo da experiência 1. Primeiro, são selecionadas as caraterísticas iniciais dos documentos Web. Estas IFS são dadas como entrada para o método de seleção de caraterísticas PCA e as IFS são reduzidas a 81 caraterísticas, como segundo processo. Utilizando o método PCA, foram eliminadas 19 caraterísticas.

No terceiro processo, as caraterísticas resultantes do segundo processo são introduzidas nos métodos combinados de pesquisa genética e de pesquisa de classificação que fazem parte do método de avaliação de caraterísticas CSE e reduziram 81 caraterísticas a 73 caraterísticas. Existem 27 caraterísticas que são irrelevantes, redundantes e ruidosas. Estas caraterísticas são designadas por IMFS (73 caraterísticas). No processo final, estas 73 caraterísticas finais são dadas como entrada para o meta-classificador ASC. Do meta-classificador ASC, apenas são selecionadas 20 caraterísticas.

As caraterísticas resultantes do IMFS e do ASC são testadas com classificadores de aprendizagem automática e verifica-se que a eliminação de caraterísticas irrelevantes, redundantes e ruidosas pelo IMFS e pelo ASC aumentou a exatidão da classificação e diminuiu o tempo de pesquisa nos documentos Web, em comparação com o IFS, como mostra a Figura 5.4, utilizando a Tabela 5.48. Observa-se que a precisão mais elevada para o IMFS é de 95,16 e para o ASC é de 95,84 utilizando o classificador LMT Tree.

Na Figura 5.4, o eixo X representa os métodos IFS, IMFS e ASC para a Experiência 2 e a Experiência 3 utilizando o conjunto de dados de cursos e o eixo Y representa os valores de exatidão preditiva dos classificadores Bayes,

Functions, Lazy, Meta, Rules e Tree. Também foi experimentado com um número igual de documentos Web positivos e negativos nos conjuntos de dados do desporto e da faculdade. As caraterísticas resultantes do IMFS e do ASC são testadas com classificadores de aprendizagem automática. Verifica-se que a eliminação de caraterísticas irrelevantes, redundantes e ruidosas pelo IMFS e pelo ASC aumentou a exatidão da classificação dos documentos Web, como mostram as Figuras 5.5 e 5.6, utilizando as Tabelas 5.49 e 5.50.

A partir da Tabela 5.49, observa-se que a precisão mais elevada para a IMFS é de 92,35 utilizando o classificador CNB e na ASC é de 92,83 utilizando o classificador RILB. A partir da tabela 5.50, observa-se que a precisão mais elevada para o IMFS é de 92,89 e no ASC é de 93,86 utilizando o classificador RF Tree.

Na Figura 5.5, o eixo X representa os métodos IFS, IMFS e ASC para a Experiência 2 e a Experiência 3 utilizando o conjunto de dados de desportos e o eixo Y representa os valores de precisão preditiva dos classificadores Bayes, Functions, Lazy, Meta, Rules e Tree.

Na Figura 5.6, o eixo X representa os métodos IFS, IMFS e ASC para a Experiência 2 e a Experiência 3 utilizando o conjunto de dados da faculdade e o eixo Y representa os valores de exatidão preditiva dos classificadores Bayes, Functions, Lazy, Meta, Rules e Tree.

Tabela 5.48 Exatidão da classificação para todos os classificadores utilizando o conjunto de dados do curso

^lassificadores ^^	Métodos (Conjunto de dados do curso)					
BAIAS	IFS	IMFS	ASC	IFS	IMFS	ASC
	Experiência 2			Experiência 3		
BN	95.27	95.05	94.03	85.90	**88.52**	**93.17**
BNC	90.48	**91.02**	**91.56**	60.89	**61.67**	**67.24**
NB	69.73	**69.89**	**86.99**	60.72	59.63	**88.99**
FUNÇÕES						
LOG	93.49	**94.03**	**94.35**	94.36	**94.43**	91.17
LIBSVM	89.68	88.60	**91.40**	89.16	88.62	**90.18**
SL	94.73	**95.00**	93.92	95.04	94.80	91.03
PREGUIÇOS O						
KSTAR	89.03	**91.18**	**94.52**	90.76	**92.22**	**92.83**
REGRAS						
DT	91.99	**91.19**	**92.47**	90.11	**90.93**	89.53

DTNB	94.41	94.25	93.39	95.01	**95.11**	92.80
PARTE	93.92	**94.35**	**94.57**	95.45	95.31	**95.82**
META						
CBND	93.44	**93.76**	**93.87**	93.10	92.73	92.83
RILB	80.48	**80.98**	**81.45**	86.95	**86.98**	**87.37**
TS	93.01	**94.03**	**94.46**	93.88	**94.02**	**94.64**
ÁRVORES						
FT	93.33	**93.87**	**94.46**	94.12	93.92	93.14
LMT	94.73	**95.16**	**95.84**	94.94	94.63	92.32
RF	95.75	95.12	95.11	95.11	**95.40**	**95.61**

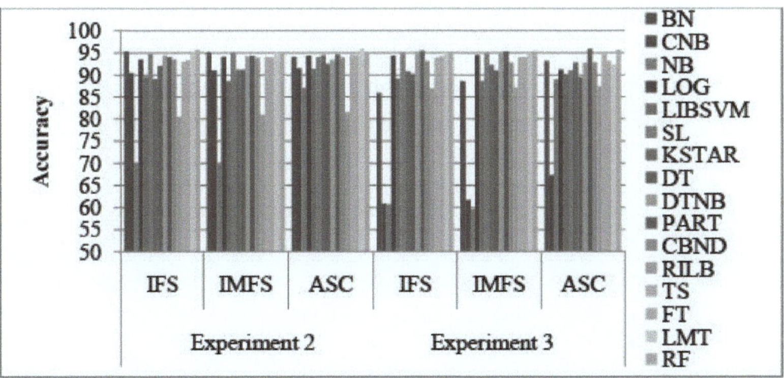

Figura 5.4 Valores de precisão preditiva dos classificadores Bayes, Função, Preguiçoso, Regras, Meta e Árvore para a Experiência 2 e a Experiência 3 utilizando o conjunto de dados do curso

Tabela 5.49 Precisão da classificação para todos os classificadores utilizando o conjunto de dados de desporto

^lassificadores ^^	Métodos (conjunto de dados sobre desporto)					
	IFS	IMFS	ASC	IFS	IMFS	ASC
BAIAS	**Experiência 2**			**Experiência 3**		
BN	87.5	87.03	**89.41**	89.78	**89.92**	**89.98**
BNC	92.18	**92.35**	88.73	90.62	**91.40**	**91.48**
NB	75.64	**75.74**	**76.02**	71.54	**73.72**	**76.73**
FUNÇÕES						
LOG	91.5	**91.61**	88.23	89.38	**89.78**	**91.11**
LIBSVM	79.14	**80.32**	**86.18**	82.10	**83.14**	**84.28**
SL	91.18	90.77	**91.84**	89.13	**89.38**	**90.31**

PREGUIÇOSO						
KSTAR	78.41	**74.84**	**82.45**	82.59	**83.67**	**84.60**
REGRAS						
DT	83.18	**83.76**	**84.05**	85.74	**86.12**	**87.21**
DTNB	89.18	**89.36**	**89.78**	87.19	85.56	**87.35**
PARTE	90.02	88.9	88.86	85.67	85.62	**87.02**
META						
CBND	89.27	**89.41**	**89.45**	86.43	**88.60**	85.69
RILB	92.14	90.86	**92.83**	89.46	**89.70**	**89.93**
TS	90.77	**90.97**	87.55	85.62	**89.38**	**90.3**
ÁRVORES						
FT	89.55	**89.68**	**89.82**	87.24	**89.50**	**89.89**
LMT	91.09	90.5	89.63	89.13	**89.38**	89.02
RF	91.45	91	**91.96**	84.40	**85.37**	**87.83**

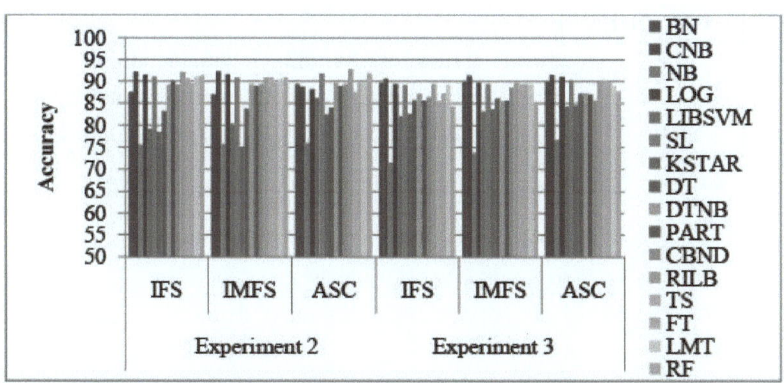

Figura 5.5 Valores de precisão preditiva dos classificadores Bayes, Função, Preguiçoso, Regras, Meta e Árvore para a Experiência 2 e a Experiência 3 utilizando o conjunto de dados do desporto

Tabela 5.50 Exatidão da classificação para todos os classificadores utilizando o conjunto de dados da faculdade

^lassificadores ^^	Métodos (Conjunto de dados da faculdade)					
	IFS	IMFS	ASC	IFS	IMFS	ASC
BAIAS	**Experiência 2**			**Experiência 3**		
BN	89.99	**91.92**	**92.97**	83.67	83.67	**83.86**
BNC	91.04	**91.97**	89.56	81.08	79.68	**86.65**
NB	84.38	**85.36**	**85.68**	58.76	**58.97**	**60.96**
FUNÇÕES						
LOG	89.27	**92.07**	**92.24**	80.48	**83.27**	**86.85**
LIBSVM	88.44	**89.56**	**89.94**	83.67	**84.06**	**85.26**
SL	90.59	**91.41**	**92.24**	86.26	84.66	**86.65**
PREGUIÇOSO						
KSTAR	89.54	**90.74**	**91.74**	75.10	74.90	**86.06**
REGRAS						
DT	87.14	**87.34**	**88.19**	82.87	**83.07**	**83.87**
DTNB	88.41	86.91	**89.64**	81.87	**82.07**	**86.45**
PARTE	90.14	**91.47**	**91.69**	84.06	**85.26**	**87.46**
META						
CBND	90.82	**91.57**	**91.94**	85.86	**86.27**	85.86
RILB	90.97	**91.19**	**92.79**	83.67	**84.62**	**85.47**
TS	87.06	86.99	**89.41**	83.67	**84.66**	**86.65**

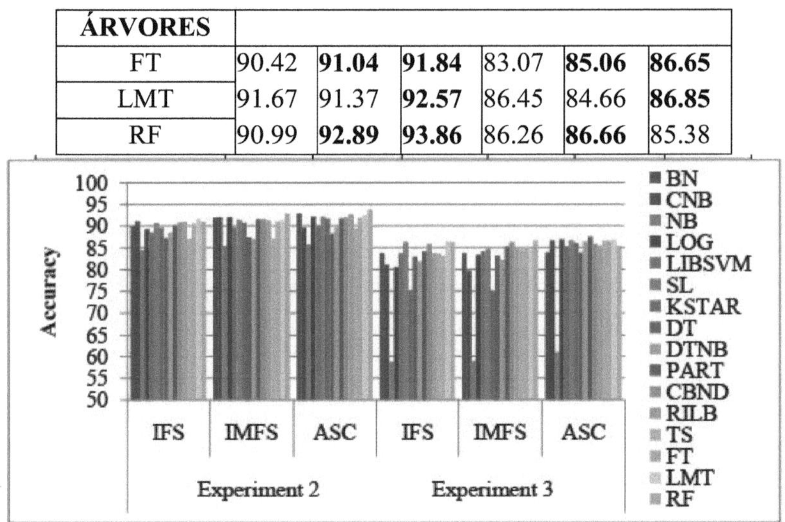

ÁRVORES						
FT	90.42	**91.04**	**91.84**	83.07	**85.06**	**86.65**
LMT	91.67	91.37	**92.57**	86.45	84.66	**86.85**
RF	90.99	**92.89**	**93.86**	86.26	**86.66**	85.38

Figura 5.6 Valores de exatidão preditiva dos classificadores Bayes, Função, Preguiçoso, Regras, Meta e Árvore para a Experiência 2 e a Experiência 3 utilizando o conjunto de dados da faculdade

5.4.3 Experiência 3: Os documentos positivos são menos e os negativos são mais

Utilizando o conjunto de dados WebKb, foram retiradas 930 páginas de uma categoria de curso para os documentos Web positivos e 2013 páginas de uma categoria não de curso para os documentos Web negativos; no total, foram selecionados 2943 documentos Web para esta experiência. Nesta experiência, foi utilizado um menor número de documentos Web positivos e um maior número de documentos Web negativos. Seguiu-se o mesmo processo da experiência 1 e da experiência 2. Os resultados são apresentados na Tabela 5.48. O valor mais elevado de precisão para o IMFS é de 95,40 utilizando o classificador RF (Random Forest) e para o ASC é de 95,82 utilizando o classificador PART. A Figura 5.4 mostra a exatidão da classificação preditiva dos classificadores de aprendizagem automática, o que também corrobora os resultados inferidos da Tabela 5.48. Também foi experimentado com o conjunto de dados de desportos e de professores; as caraterísticas resultantes do IMFS e do ASC são testadas com classificadores de aprendizagem automática. Verifica-se que a eliminação de caraterísticas irrelevantes, redundantes e ruidosas pelo IMFS e pelo ASC aumentou a precisão da classificação dos documentos Web, como mostram as Figuras 5.5 e 5.6, utilizando os Quadros 5.49 e 5.50. A partir da Tabela 5.49, observa-se que a precisão mais elevada para o IMFS é de 91,40 e para o ASC é de 91,48 utilizando o classificador CNB Bayes. A partir do quadro 5.50, observa-se que a precisão mais elevada para a IMFS é de 86,66 utilizando o classificador RF e para a ASC é de 87,46 utilizando o classificador PART.

Tabela 5.51 Comparação dos valores de F-Measure do sistema proposto com os sistemas desenvolvidos anteriormente

XF-Medida Conjuntos de dados\	Propor d	Leela Devi & Sankar (2015)	Prabhjot Kaur & Ravneet Kaur (2014)	Vaghela et al. (2014)	Patil & Pawar (2012)
Docentes	**0.9475**	0.8982	0.891	-	-
Curso	**0.9596**	0.8595	0.944	0.843	-
Desporto	**0.9274**	-	-	-	0.9095

Utilizando o método proposto, foram alcançados os valores médios mais elevados da medida-F para os conjuntos de dados de professores (0,9475), cursos (0,9596) e desportos (0,9274), em comparação com os métodos anteriores (Leela Devi & Sankar 2015, Prabhjot Kaur & Ravneet Kaur 2014, Vaghela et al. 2014, e Patil & Pawar 2012). Observa-se que a medida F é melhorada para o método proposto quando comparado com os métodos existentes. Na figura 5.7, o eixo X representa os conjuntos de dados relativos ao corpo docente, ao curso e ao desporto e o eixo Y representa os valores da medida F dos métodos proposto e existente.

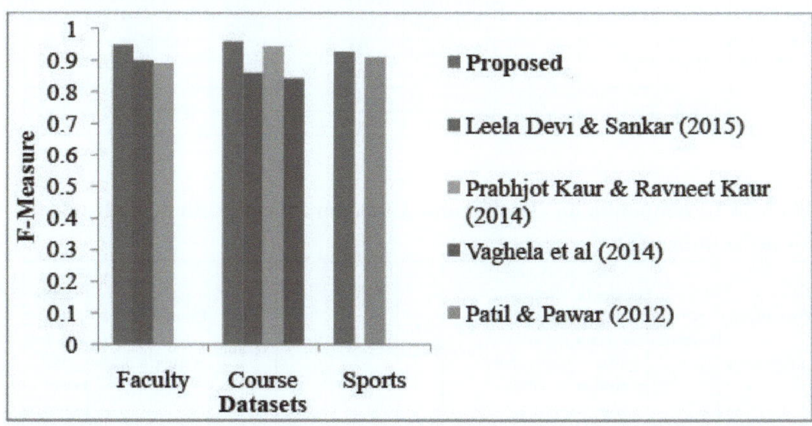

- **Proposta**
- Leela Devi & Sankar (2015)
- Prabhjot Kaur & Ravneet Kaur (2014)
- Vaghela et al (2014)
- Patil & Pawar (2012)

Figura 5.7 Comparação dos valores F-Measure do sistema proposto com os

sistemas existentes

As várias métricas de desempenho para as Experiências 2 são apresentadas nas Tabelas seguintes de 5,52 a 5,63, respetivamente, para IFS e FFS utilizando o conjunto de dados do curso.

Tabela 5.52 Desempenho dos classificadores Bayes para o conjunto de dados de cursos utilizando o IFS

Bayes Classificadores	N.º de Instâncias	N.º de instâncias corretamente classificadas	N.º de casos classificados incorretamente	TP Taxa	PF Taxa	Precisão	Recall	F-Medida	Estatística Kappa	Erro absoluto médio	Raiz média ao quadrado erro
BN	1860	1772	88	0.962	0.057	0.944	0.962	0.953	0.9054	0.0541	0.1989
				0.943	0.038	0.962	0.943	0.952			
BNC	1860	1683	177	0.949	0.14	0.872	0.949	0.909	0.8097	0.0952	0.3085
				0.86	0.051	0.945	0.86	0.9			
NB	1860	1297	563	0.967	0.572	0.628	0.967	0.762	0.3946	0.3019	0.5464
				0.428	0.033	0.928	0.428	0.586			

Tabela 5.53Desempenho dos classificadores Functions para o conjunto de dados de cursos utilizando o IFS

Funções Classificadores	N.º de Instâncias	N.º de instâncias corretamente classificadas	N.º de casos classificados incorretamente	TP Taxa	PF Taxa	Precisão	Recall	F-Medida	Estatística Kappa	Erro absoluto médio	Raiz média ao quadrado erro
LOG	1860	1739	121	0.935	0.066	0.934	0.935	0.935	0.8699	0.0733	0.2272
				0.934	0.065	0.935	0.934	0.935			
LIBSVM	1860	1668	192	0.837	0.043	0.951	0.837	0.89	0.7935	0.1032	0.3213
				0.957	0.163	0.854	0.957	0.903			
SL	1860	1762	98	0.949	0.055	0.945	0.949	0.947	0.8946	0.105	0.2096
				0.945	0.051	0.949	0.945	0.947			

Tabela 5.54 Desempenho do classificador Lazy para o conjunto de dados de cursos utilizando o IFS

Classificador preguiçoso	N.º de Instâncias	N.º de instâncias corretamente classificadas	N.º de casos classificados incorretamente	TP Taxa	PF Taxa	Precisão	Recall	F-Medida	Estatística Kappa	Erro absoluto médio	Raiz média ao quadrado erro
KSTAR	1860	1656	204	0.884	0.103	0.895	0.884	0.89	0.7806	0.1269	0.291
				0.897	0.116	0.885	0.897	0.891			

Tabela 5.55 Desempenho dos classificadores de regras para o conjunto de dados de cursos utilizando o IFS

Regras Classificadores	N.º de Instâncias	N.º de instâncias	N.º de casos	TP Taxa	PF Taxa	Precisão	Recall	F-Medida	Estatística ca	Erro absoluto	Raiz do erro

s		corretamente classificadas	classificados incorretamente						Kappa	médio	quadrático médio
DT	1860	1711	149	0.895	0.055	0.942	0.895	0.918	0.8398	0.1436	0.2565
				0.945	0.105	0.9	0.945	0.922			
DTNB	1860	1756	104	0.935	0.047	0.952	0.935	0.944	0.8882	0.0752	0.2073
				0.953	0.065	0.937	0.953	0.945			
PARTE	1860	1747	113	0.948	0.07	0.931	0.948	0.94	0.8785	0.0676	0.2386
				0.93	0.052	0.947	0.93	0.939			

Tabela 5.56 Desempenho dos meta-classificadores para o conjunto de dados de cursos utilizando o IFS

Meta Classificadores	N.º de Instâncias	N.º de instâncias corretamente classificadas	N.º de casos classificados incorretamente	TP Taxa	PF Taxa	Precisão	Recall	F-Medida	Estatística Kappa	Erro absoluto médio	Raiz média ao quadrado do erro
CBND	1860	1738	122	0.937	0.068	0.933	0.937	0.935	0.8688	0.0812	0.2471
				0.932	0.063	0.936	0.932	0.934			
RILB	1860	1497	363	0.774	0.165	0.825	0.774	0.799	0.6097	0.3305	0.3971
				0.835	0.226	0.787	0.835	0.811			
TS	1860	1730	130	0.943	0.083	0.919	0.943	0.931	0.8602	0.0788	0.2311
				0.917	0.057	0.942	0.917	0.929			

Tabela 5.57 Desempenho dos classificadores Trees para o conjunto de dados de cursos utilizando o IFS

Árvores Classificadores	N.º de Instâncias	N.º de instâncias corretamente classificadas	N.º de casos classificados incorretamente	TP Taxa	PF Taxa	Precisão	Recall	F-Medida	Estatística Kappa	Erro absoluto médio	Raiz erro médio quadrático
FT	1860	1736	124	0.932	0.066	0.934	0.932	0.933	0.8667	0.0713	0.2473
				0.934	0.068	0.932	0.934	0.933			
LMT	1860	1762	98	0.948	0.054	0.946	0.948	0.947	0.8946	0.0845	0.2089
				0.946	0.052	0.948	0.946	0.947			
RF	1860	1781	79	0.968	0.053	0.948	0.968	0.958	0.9151	0.1059	0.1948
				0.947	0.032	0.967	0.947	0.957			

As métricas de desempenho de diferentes classificadores Bayes, Functions, Lazy, Rules, Meta e Tree em caraterísticas originais (IFS) utilizando o conjunto de dados do curso são apresentadas nas Tabelas 5.52 a 5.57, respetivamente.

Tabela 5.58 Desempenho dos classificadores Bayes para o conjunto de dados de cursos utilizando FFS

Bayes Classificadores	N.º de Instâncias	N.º de instâncias corretamente classificadas	N.º de casos classificados incorretamente	TP Taxa	PF Taxa	Precisão	Recall	F-Medida	Estatística Kappa	Erro absoluto médio	Raiz média ao quadrado do erro
BN	1860	1749	111	0.912	0.031	0.967	0.912	0.939	0.8806	0.0719	0.2115

	N.º de Instâncias	N.º de instâncias corretamente classificadas	N.º de casos classificados incorretamente	TP Taxa	PF Taxa	Precisão	Recall	F-Medida	Estatística Kappa	Erro absoluto médio	Raiz média ao quadrado do erro
				0.969	0.088	0.917	0.969	0.942			
BNC	1860	1703	157	0.946	0.115	0.892	0.946	0.918	0.8312	0.0844	0.2905
				0.885	0.054	0.943	0.885	0.913			
NB	1860	1618	242	0.767	0.027	0.966	0.767	0.855	0.7398	0.1356	0.3434
				0.973	0.233	0.807	0.973	0.882			

Tabela 5.59Desempenho dos classificadores Functions para o conjunto de dados de cursos utilizando FFS

Funções Classificadores	N.º de Instâncias	N.º de instâncias corretamente classificadas	N.º de casos classificados incorretamente	TP Taxa	PF Taxa	Precisão	Recall	F-Medida	Estatística Kappa	Erro absoluto médio	Raiz média ao quadrado do erro
LOG	1860	1755	105	0.927	0.04	0.959	0.927	0.943	0.8871	0.0995	0.2168
				0.96	0.073	0.929	0.96	0.944			
LIBSVM	1860	1700	160	0.953	0.125	0.884	0.953	0.917	0.828	0.086	0.2933
				0.875	0.047	0.949	0.875	0.911			
SL	1860	1747	113	0.919	0.041	0.957	0.919	0.938	0.8785	0.1108	0.223
				0.959	0.081	0.922	0.959	0.94			

Tabela 5.60 Desempenho do classificador Lazy para o conjunto de dados de cursos utilizando FFS

Classificador preguiçoso	N.º de Instâncias	N.º de instâncias corretamente classificadas	N.º de casos classificados incorretamente	TP Taxa	PF Taxa	Precisão	Recall	F-Medida	Estatística Kappa	Erro absoluto médio	Raiz erro médio quadrático
KSTAR	1860	1758	102	0.922	0.031	0.967	0.922	0.944	0.8903	0.0971	0.203
				0.969	0.078	0.925	0.969	0.946			

Tabela 5.61 Desempenho dos classificadores de regras para o conjunto de dados de cursos utilizando FFS

Regras Classificadores	N.º de Instâncias	N.º de instâncias corretamente classificadas	N.º de casos classificados incorretamente	TP Taxa	PF Taxa	Precisão	Recall	F-Medida	Estatística Kappa	Erro absoluto médio	Raiz média ao quadrado do erro
DT	1860	1720	140	0.914	0.065	0.934	0.914	0.924	0.8495	0.1118	0.2543
				0.935	0.086	0.916	0.935	0.926			
DTNB	1860	1737	123	0.911	0.043	0.955	0.911	0.932	0.8677	0.0923	0.2226
				0.957	0.089	0.915	0.957	0.935			
PARTE	1860	1759	101	0.941	0.049	0.95	0.941	0.945	0.8914	0.0653	0.2125
				0.951	0.059	0.941	0.951	0.946			

Tabela 5.62 Desempenho dos meta-classificadores para o conjunto de dados de cursos utilizando FFS

Meta Classificadores	N.º de Instâncias	N.º de instâncias	N.º de casos	TP Taxa	PF Taxa	Precisão	Recall	F-Medida	Estatística	Erro absoluto	Raiz do erro

s		corretamente classificadas	classificados incorretamente						Kappa	médio	quadrático médio
CBND	1860	1746	114	0.934	0.057	0.943	0.934	0.938	0.8774	0.0661	0.2275
				0.943	0.066	0.935	0.943	0.939			
RILB	1860	1515	345	0.741	0.112	0.869	0.741	0.8	0.629	0.279	0.3788
				0.888	0.259	0.774	0.888	0.827			
TS	1860	1757	103	0.943	0.054	0.946	0.943	0.945	0.8892	0.068	0.2108
				0.946	0.057	0.943	0.946	0.945			

Tabela 5.63 Desempenho dos classificadores de árvores para o conjunto de dados de cursos utilizando FFS

Árvores Classificadores	N.º de Instâncias	N.º de instâncias corretamente classificadas	N.º de casos classificados incorretamente	TP Taxa	PF Taxa	Precisão	Recall	F-Medida	Estatística Kappa	Erro absoluto médio	Raiz média ao quadrado do erro
FT	1860	1757	103	0.929	0.04	0.959	0.929	0.944	0.8892	0.0636	0.2203
				0.96	0.071	0.931	0.96	0.945			
LMT	1860	1783	77	0.968	0.053	0.948	0.968	0.958	0.9151	0.1059	0.1948
				0.947	0.032	0.967	0.947	0.957			
RF	1860	1769	91	0.945	0.043	0.956	0.945	0.951	0.9022	0.0764	0.2002
				0.957	0.055	0.946	0.957	0.951			

As métricas de desempenho de diferentes classificadores de aprendizagem automática em caraterísticas reduzidas (FFS) utilizando o conjunto de dados do curso são apresentadas nas tabelas 5.58 a 5.63, respetivamente. A partir das tabelas 5.58 a 5.63, os valores médios de Precisão, Recuperação e Medida-F de Bayes (0.9153, 0.9087, 0.9082), Funções (0.9333, 0.9322, 0.9322), Lazy (0.946, 0.9455, 0.945), Rules (0.9352, 0.9348, 0.9347), Meta (0.9017, 0.8992, 0.899) e Tree (0.952, 0.951, 0.951) são melhorados quando comparados com as caraterísticas ruidosas originais (IFS) dos classificadores Bayes (0,8798, 0,8515, 0,8437), Functions (0,928, 0,9262, 0,9262), Lazy (0.8900, 0.8905, 0.8905), Regras (0.9348, 0.9343, 0.9346), Meta(0.8903, 0.8897, 0.8898) e Árvore (0.9457, 0.9458, 0.9456) dos classificadores das Tabelas 5.52 a 5.57. A partir dos resultados das caraterísticas reduzidas (FFS), os desempenhos são melhorados quando comparados com as caraterísticas ruidosas originais (IFS).

As várias métricas de desempenho para a Experiência 3 são apresentadas nas tabelas seguintes, de 5,64 a 5,75, respetivamente, para IFS e FFS utilizando o conjunto de dados do curso.

Tabela 5.64 Desempenho dos classificadores Bayes para o conjunto de dados de cursos utilizando o IFS

Bayes Classificadores	N.º de Instâncias	N.º de instâncias corretamente classificadas	N.º de casos classificados incorretamente	TP Taxa	PF Taxa	Precisão	Recall	F-Medida	Estatística Kappa	Erro absoluto médio	Raiz erro médio quadrático

	N.º de Instâncias	N.º de instâncias corretamente classificadas	N.º de casos classificados incorretamente	TP Taxa	PF Taxa	Precisão	Recall	F-Medida	Estatística Kappa	Erro absoluto médio	Raiz média ao quadrado do erro
BN	2943	2528	415	0.977	0.196	0.698	0.977	0.814	0.7056	0.1464	0.3327
				0.804	0.023	0.987	0.804	0.886			
BNC	2943	1792	1151	0.98	0.562	0.446	0.98	0.613	0.3156	0.3911	0.6254
				0.438	0.02	0.979	0.438	0.605			
NB	2943	1787	1156	0.962	0.557	0.444	0.962	0.608	0.3086	0.3917	0.6252
				0.443	0.038	0.962	0.443	0.607			

Tabela 5.65Desempenho dos classificadores Functions para o conjunto de dados de cursos utilizando o IFS

Funções Classificadores	N.º de Instâncias	N.º de instâncias corretamente classificadas	N.º de casos classificados incorretamente	TP Taxa	PF Taxa	Precisão	Recall	F-Medida	Estatística Kappa	Erro absoluto médio	Raiz média ao quadrado do erro
LOG	2943	2777	166	0.909	0.04	0.913	0.909	0.911	0.8694	0.0735	0.2126
				0.96	0.091	0.958	0.96	0.959			
LIBSVM	2943	2624	319	0.696	0.018	0.947	0.696	0.802	0.73	0.1084	0.3292
				0.982	0.304	0.875	0.982	0.925			
SL	2943	2797	146	0.9	0.026	0.94	0.9	0.92	0.8839	0.0893	0.2025
				0.974	0.1	0.955	0.974	0.964			

Tabela 5.66 Desempenho do classificador Lazy para o conjunto de dados de cursos utilizando o IFS

Preguiçoso Classificador	N.º de Instâncias	N.º de instâncias corretamente classificadas	N.º de casos classificados incorretamente	TP Taxa	PF Taxa	Precisão	Recall	F-Medida	Estatística Kappa	Erro absoluto médio	Raiz média ao quadrado do erro
KSTAR	2943	2671	272	0.855	0.068	0.853	0.855	0.854	0.7863	0.1107	0.2673
				0.932	0.145	0.933	0.932	0.932			

Tabela 5.67 Desempenho dos classificadores de regras para o conjunto de dados de cursos utilizando o IFS

Regras Classificadores	N.º de Instâncias	N.º de instâncias corretamente classificadas	N.º de casos classificados incorretamente	TP Taxa	PF Taxa	Precisão	Recall	F-Medida	Estatística Kappa	Erro absoluto médio	Raiz do erro quadrático médio
DT	2943	2652	291	0.838	0.07	0.848	0.838	0.843	0.7705	0.1619	0.2699
				0.93	0.162	0.925	0.93	0.928			
DTNB	2943	2796	147	0.903	0.028	0.936	0.903	0.92	0.8833	0.0668	0.1932
				0.972	0.097	0.956	0.972	0.964			
PARTE	2943	2809	134	0.93	0.034	0.926	0.93	0.928	0.8948	0.0511	0.2077
				0.966	0.07	0.968	0.966	0.967			

Tabela 5.68 Desempenho dos meta-classificadores para o conjunto de dados de cursos utilizando o IFS

Meta Classificadores	N.º de Instâncias	N.º de instâncias corretamente classificad	N.º de casos classificados incorretam	TP Taxa	PF Taxa	Precisão	Recall	F-Medida	Estatística Kappa	Erro absoluto médio	Raiz erro médio quadrático

			as	ente								
CBND	2943	2740	203		0.886	0.048	0.895	0.886	0.89	0.84	0.0834	0.2545
					0.952	0.114	0.948	0.952	0.95			
RILB	2943	2559	384		0.64	0.024	0.924	0.64	0.756	0.6709	0.1901	0.3009
					0.976	0.36	0.854	0.976	0.911			
TS	2943	2763	180		0.912	0.049	0.896	0.912	0.904	0.8592	0.0765	0.2154
					0.951	0.088	0.959	0.951	0.955			

Tabela 5.69 Desempenho dos classificadores Trees para o conjunto de dados de cursos utilizando o IFS

Árvores Classificadores	N.º de Instâncias	N.º de instâncias corretamente classificadas	N.º de casos classificados incorretamente	TP Taxa	PF Taxa	Precisão	Recall	F-Medida	Estatística Kappa	Erro absoluto médio	Raiz média ao quadrado do erro
FT	2943	2770	173	0.912	0.045	0.903	0.912	0.907	0.8644	0.0616	0.2306
				0.955	0.088	0.959	0.955	0.957			
LMT	2943	2794	149	0.896	0.026	0.941	0.896	0.918	0.8813	0.0867	0.2076
				0.974	0.104	0.953	0.974	0.963			
RF	2943	2799	144	0.908	0.029	0.936	0.908	0.921	0.8859	0.0695	0.1976
				0.971	0.092	0.958	0.971	0.964			

As métricas de desempenho de diferentes classificadores de aprendizagem automática em caraterísticas originais (IFS) utilizando o conjunto de dados do curso são apresentadas nas Tabelas 5.64 a 5.69, respetivamente.

Tabela 5.70 Desempenho dos classificadores Bayes para o conjunto de dados de cursos utilizando FFS

Bayes Classificadores	N.º de Instâncias	N.º de instâncias corretamente classificadas	N.º de casos classificados incorretamente	TP Taxa	PF Taxa	Precisão	Recall	F-Medida	Estatística Kappa	Erro absoluto médio	Raiz erro médio quadrático
BN	2943	2742	201	0.848	0.03	0.929	0.848	0.887	0.8382	0.0838	0.2374
				0.97	0.152	0.933	0.97	0.951			
BNC	2943	1979	964	0.965	0.462	0.491	0.965	0.65	0.3985	0.3276	0.5723
				0.538	0.035	0.97	0.538	0.692			
NB	2943	2619	324	0.701	0.023	0.934	0.701	0.801	0.727	0.1132	0.3079
				0.977	0.299	0.876	0.977	0.924			

Tabela 5.71 Desempenho dos classificadores de funções para o conjunto de dados de cursos utilizando FFS

Funções Classificadores	N.º de Instâncias	N.º de instâncias corretamente classificadas	N.º de casos classificados incorretamente	TP Taxa	PF Taxa	Precisão	Recall	F-Medida	Estatística Kappa	Erro absoluto médio	Raiz média ao quadrado do erro
LOG	2943	2683	260	0.785	0.03	0.924	0.785	0.849	0.787	0.1409	0.2598
				0.97	0.215	0.907	0.97	0.938			
LIBSVM	2943	2654	289	0.76	0.033	0.915	0.76	0.83	0.762	0.0982	0.3134
				0.967	0.24	0.897	0.967	0.931			

				TP Taxa	PF Taxa	Precisão	Recall	F-Medida	Estatística Kappa	Erro absoluto médio	Raiz média ao quadrado do erro
SL	2943	2679	264	0.778	0.029	0.926	0.778	0.846	0.7832	0.1482	0.264
				0.971	0.222	0.905	0.971	0.937			

Tabela 5.72 Desempenho do classificador Lazy para o conjunto de dados de cursos utilizando FFS

Preguiços o Classifica dor	N.º de Instância s	N.º de instâncias corretame nte classificad as	N.º de casos classificad os incorretam ente	TP Taxa	PF Taxa	Precisão	Recall	F-Medida	Estatíst ica Kappa	Erro absoluto médio	Raiz média ao quadra do erro
KSTAR	2943	2732	211	0.873	0.046	0.897	0.873	0.885	0.8329	0.1086	0.2525
				0.954	0.127	0.942	0.954	0.948			

Tabela 5.73 Desempenho dos classificadores de regras para o conjunto de dados de cursos utilizando FFS

Regras Classifica dores	N.º de Instância s	N.º de instâncias corretame nte classificad as	N.º de casos classificad os incorretam ente	TP Taxa	PF Taxa	Precisão	Recall	F-Medida	Estatíst ica Kappa	Erro absoluto médio	Raiz erro médio quadrát ico
DT	2943	2635	308	0.804	0.063	0.856	0.804	0.829	0.7539	0.1709	0.285
				0.937	0.196	0.912	0.937	0.925			
DTNB	2943	2731	212	0.857	0.039	0.91	0.857	0.883	0.8307	0.09	0.2347
				0.961	0.143	0.936	0.961	0.948			
PARTE	2943	2820	123	0.93	0.029	0.937	0.93	0.934	0.9031	0.0772	0.1778
				0.971	0.07	0.968	0.971	0.97			

Tabela 5.74 Desempenho dos meta-classificadores para o conjunto de dados de cursos utilizando FFS

Meta Classificado res	N.º de Instâncias	N.º de instâncias corretamen te classificada s	N.º de casos classificados incorretame nte	TP Taxa	PF Taxa	Precisão	Recall	F-Medida	Estatísti ca Kappa	Erro absoluto médio	Raiz do erro quadráti co médio
CBND	2943	2732	211	0.873	0.046	0.897	0.873	0.885	0.8329	0.1086	0.2525
				0.954	0.127	0.942	0.954	0.948			
RILB	2943	2571	372	0.808	0.086	0.812	0.808	0.81	0.7221	0.1527	0.2784
				0.914	0.192	0.911	0.914	0.912			
TS	2943	2697	246	0.885	0.069	0.856	0.885	0.87	0.8084	0.1744	0.2752
				0.931	0.115	0.946	0.931	0.938			

Tabela 5.75 Desempenho dos classificadores de árvores para o conjunto de dados de cursos utilizando FFS

Árvores Classifica dores	N.º de Instância s	N.º de instâncias corretame nte classificad as	N.º de casos classificad os incorretam ente	TP Taxa	PF Taxa	Precisão	Recall	F-Medida	Estatíst ica Kappa	Erro absoluto médio	Raiz média ao quadra do erro

FT	2943	2741	202	0.884	0.047	0.897	0.884	0.891	0.8406	0.0834	0.2468
				0.953	0.116	0.947	0.953	0.95			
LMT	2943	2717	226	0.861	0.048	0.892	0.861	0.876	0.8207	0.1009	0.2548
				0.952	0.139	0.937	0.952	0.944			
RF	2943	2814	129	0.923	0.028	0.938	0.923	0.93	0.8982	0.0554	0.1834
				0.972	0.077	0.964	0.972	0.968			

As métricas de desempenho de diferentes classificadores de aprendizagem automática em caraterísticas reduzidas (FFS) utilizando o conjunto de dados do curso são apresentadas nas tabelas 5.70 a 5.75, respetivamente. A partir das tabelas 5.70 a 5.75, os valores médios de Precisão, Recuperação e Medida-F de Bayes (0.8555, 0.832, 0.8175), Funções (0.9123, 0.8718, 0.8883), Preguiçoso (0.9195, 0.9135, 0.9165), Regras (0.9198, 0.9254, 0.9148), Meta (0.894, 0.8942, 0.8938) e Tree (0.9292, 0.9242, 0.9265) são melhorados, exceto os classificadores Functions e Tree, quando comparados com as caraterísticas ruidosas originais (IFS) de Bayes (0.7527, 0.7673, 0.688), Functions (0.9313, 0.9035, 0.9135), Preguiçoso (0.8900, 0.8935, 0.893), Regras (0.9165, 0.9232, 0.9105), Meta (0.8927, 0.8862, 0.8913), e Árvore (0.9417, 0.936, 0.9383) dos classificadores das Tabelas 5.64 a 5.69. Utilizando estas caraterísticas reduzidas (FFS), os desempenhos são melhorados quando comparados com as caraterísticas originais (IFS).

O desempenho dos classificadores nas caraterísticas originais (IFS) e finais reduzidas (FFS) é apresentado na tabela 5.76 seguinte, utilizando o conjunto de dados sobre desporto. A tabela 5.76 mostra que os resultados do FFS são melhores do que os do IFS.

Tabela 5.76 Desempenho dos classificadores IFS e FFS utilizando o conjunto de dados sobre desporto

Classificadores	Total Número de Instâncias	Métrica de desempenho (IFS)			Métrica de desempenho (FFS)		
		Número de instâncias corretamente classificadas	Números de casos classificados incorretamente	Exatidão (%)	Número de instâncias corretamente classificadas	Números de casos classificados incorretamente	Exatidão (%)
BN	1233	1107	126	89.78	1109	124	**89.94**
BNC	1233	1105	128	89.62	1091	142	88.48
NB	1233	993	240	80.54	1069	164	**86.70**
LOG	1233	1091	142	88.48	1111	122	**90.11**
LIBSVM	1233	1000	233	81.10	1001	232	**81.18**
SL	1233	1099	134	89.13	1111	122	**90.11**
KSTAR	1233	1006	227	81.59	1032	201	**83.70**
DT	1233	1072	161	86.94	1075	158	**87.19**
DTNB	1233	1075	158	87.19	1077	156	**87.35**
PARTE	1233	1081	152	87.67	1073	160	87.02
CBND	1233	1078	155	87.43	1080	153	**87.59**
RILB	1233	1103	130	89.46	1109	124	**89.93**
TS	1233	1068	165	86.62	1115	118	**90.43**
FT	1233	1088	145	88.24	1101	132	**89.29**
LMT	1233	1099	134	89.13	1110	123	**90.02**
RF	1233	1053	180	85.40	1083	150	**87.83**

O desempenho dos classificadores nas caraterísticas originais (IFS) e finais reduzidas (FFS) é apresentado na tabela 5.77 seguinte, utilizando o conjunto de dados do corpo docente. A tabela 5.77 mostra que os resultados do FFS são melhores do que os do IFS.

Tabela 5.77 Desempenho dos classificadores IFS e FFS utilizando o conjunto de dados da faculdade

Classificadores	Total Número de Instâncias	Métrica de desempenho (IFS)			Métrica de desempenho (FFS)		
		Número de instâncias corretamente classificadas	Números de casos classificados incorretamente	Exatidão (%)	Número de instâncias corretamente classificadas	Números de casos classificados incorretamente	Exatidão (%)
BN	1332	1212	120	90.99	1225	107	**91.97**
BNC	1332	1226	106	92.04	1193	139	89.56
NB	1332	1124	208	84.38	1141	191	**85.68**
LOG	1332	1201	131	90.17	1215	117	**91.21**
LIBSVM	1332	1178	154	88.44	1198	134	**89.94**
SL	1332	1208	124	90.69	1226	106	**92.02**
KSTAR	1332	1206	126	90.54	1209	123	**90.74**
DT	1332	1174	158	88.14	1188	144	**89.19**
DTNB	1332	1191	141	89.41	1218	114	**91.44**
PARTE	1332	1214	118	91.14	1220	112	**91.59**
CBND	1332	1223	109	91.82	1238	94	**92.94**
RILB	1332	1225	107	91.97	1236	96	**92.79**
TS	1332	1173	159	88.06	1191	141	**89.41**
FT	1332	1203	129	90.32	1210	122	**90.84**
LMT	1332	1213	119	91.07	1217	115	**91.37**
RF	1332	1212	120	90.99	1237	95	**92.86**

        O desempenho dos classificadores nos dados originais (IFS) e As caraterísticas finais reduzidas (FFS) são apresentadas na tabela 5.78 seguinte, utilizando o conjunto de dados do curso. A partir da tabela 5.78, verifica-se que os resultados do FFS são melhores do que os do IFS. A partir das experiências, conclui-se que as caraterísticas originais com ruído do IFS reduzem a precisão da classificação. As caraterísticas finais reduzidas (FFS) aumentam a precisão da classificação.

Tabela 5.78 Desempenho dos classificadores IFS e FFS utilizando o conjunto de dados do curso

Classificadores	Total Número de Instâncias	Métrica de desempenho (IFS)			Métrica de desempenho (FFS)		
		Número de instâncias corretamente classificadas	Números de casos classificados incorretamente	Exatidão (%)	Número de instâncias corretamente classificadas	Números de casos classificados incorretamente	Exatidão (%)
BN	1291	1216	75	94.19	1222	69	**94.66**
BNC	1291	1224	67	94.82	1236	55	**95.72**
NB	1291	1028	263	79.63	1076	215	**83.35**
LOG	1291	1211	80	93.80	1234	57	**95.58**
LIBSVM	1291	1140	151	88.30	1199	92	**92.87**
SL	1291	1216	75	94.20	1232	59	**95.43**
KSTAR	1291	1171	120	90.70	1217	74	**94.27**
DT	1291	1201	90	93.03	1206	85	**93.43**
DTNB	1291	1214	77	94.04	1230	61	**95.28**

PARTE	1291	1206	85	93.42	1237	54	**95.82**
CBND	1291	1218	73	94.35	1238	53	**95.89**
RILB	1291	1226	65	94.97	1252	39	**96.99**
TS	1291	1199	92	92.87	1233	58	**95.51**
FT	1291	1214	77	94.04	1239	52	**95.97**
LMT	1291	1221	70	94.58	1238	53	**95.89**
RF	1291	1222	69	94.66	1236	55	**95.73**

CAPÍTULO 6

Conclusão e âmbito de aplicação
Trabalhos de investigação futuros

6.1Síntese   dos trabalhos efectuados

Este trabalho de investigação propõe técnicas de aprendizagem automática para a classificação de páginas Web. Este sistema é capaz de classificar as páginas Web com maior exatidão. Esta técnica automatizou a solução para um problema de classificação de páginas Web.

Este método utiliza todos os tipos de caraterísticas, nomeadamente título, h1, h2, URL, conteúdo, etc. Cada uma destas caraterísticas é capaz de classificar as páginas Web utilizando métodos de aprendizagem automática com uma precisão aceitável. Mas a capacidade de processamento e o tempo de computação necessários são diferentes para estas caraterísticas. As caraterísticas FFS (caraterísticas reduzidas ASC) são em menor número e requerem um tempo de processamento mínimo, enquanto as caraterísticas IFS necessitam de mais processamento e tempo máximo e são em maior número do que as caraterísticas FFS. Esta técnica utiliza estas caraterísticas numa base de prioridade para que as páginas Web possam ser classificadas com um tempo de processamento mínimo.

O investigador conclui que, a partir das experiências e dos resultados do Capítulo 5, se verificou que a abordagem automática proposta classificou as páginas Web com maior precisão. Os resultados experimentais mostram que o Conjunto Final de Caraterísticas (Final Feature Set - FFS) aumenta a precisão e minimiza o tempo de pesquisa dos classificadores de páginas Web, em comparação com a precisão e o tempo de pesquisa do Conjunto Inicial de Caraterísticas (Initial Feature Set - IFS) e do Conjunto Intermédio de Caraterísticas (Intermediate Feature Set - IMFS). A abordagem proposta dá 97% de precisão (para o conjunto de dados do curso) utilizando o meta-classificador Raced Incremental Logit Boost (RILB) e tem um desempenho melhor do que os outros classificadores. Esta abordagem permite poupar mais espaço de memória e um tempo mínimo de pesquisa nos documentos Web. O sistema proposto lida com um número suficiente de documentos Web positivos e negativos, que são experimentados com um número menor, maior e igual de documentos Web. É adequado para a classificação de qualquer número de documentos Web.

Nesta tese, é utilizado um novo algoritmo de seleção de caraterísticas, que foi desenvolvido para detetar documentos relacionados com o crime a partir de quatro conjuntos de dados diferentes, extraindo palavras semelhantes com base na semelhança de Jaccard. As palavras consideradas são as únicas palavras de tipo substantivo na WordNet. As palavras irrelevantes foram removidas. As palavras substantivas semelhantes extraídas são classificadas utilizando o classificador SVM, com uma precisão de 100% dos documentos relacionados com o crime, e é melhor do que os outros classificadores como NB, KNN e J48. O método proposto prova que é suscetível de detetar documentos desconhecidos da Web relacionados com a criminalidade. Só são obtidas palavras de semelhança exactas a partir do documento em causa, a fim de garantir um melhor desempenho em termos de custos e de tempo. Na investigação, apenas são extraídas palavras do tipo substantivo, pelo que o tamanho dos dados é muito menor. Além disso, as palavras irrelevantes foram removidas através da utilização da hierarquia WordNet.

Foi desenvolvido um novo método para classificar documentos de páginas Web criminais utilizando a medida de semelhança Jaccard e a técnica de aprendizagem automática. Este método supera os problemas de redundância, irrelevância e ambiguidade dos métodos tradicionais de cálculo da semelhança de documentos. A medida prevê a semelhança de forma mais consistente e eficiente do que a média dos avaliadores humanos, e também supera o atual estado da arte num conjunto de dados padrão. Além disso, tanto as caraterísticas utilizadas para descrever a semelhança Jaccard como as técnicas de aprendizagem automática utilizadas para construir o modelo são genéricas.

Este trabalho estudou e desenvolveu formas de medir a semelhança de palavras-chave. No progresso da investigação, revela que Jaccard pode analisar livremente os caracteres de cada palavra, especialmente quando se encontram palavras com ortografia incompleta e erros ortográficos, Jaccard pode efetivamente medir e prever com elevada estabilidade.

6.2 Âmbito dos trabalhos de investigação futuros

São possíveis outras extensões e melhorias. Uma delas é a melhoria do conceito de correção de falsos positivos. A investigação futura deve mostrar se isto conduziria à redução do número de resultados falsos positivos, resultando assim numa maior precisão. Este trabalho de investigação pode ser alargado para lidar com dados de escala extremamente grande (extração de grandes volumes de dados).

A técnica de classificação de páginas Web de crime proposta nesta investigação pode ser aplicada em redes sociais para analisar e/ou prever actividades relacionadas com o crime. Estes métodos podem ser aplicados para melhorar o desempenho dos motores de pesquisa, especialmente na pesquisa semântica. Este trabalho de investigação pode ser alargado para encontrar mais do que uma classe nos documentos com métodos de classificação multi-rótulo e/ou multiclasse.

Uma página Web pode pertencer a mais do que uma categoria e, nesse caso, a orientação do utilizador pode ser utilizada para encontrar a categoria correta na página Web. Este trabalho pode ser alargado para obter a orientação do utilizador para a classificação correta se uma página Web pertencer a mais do que uma categoria. Isto pode ser utilizado pelos motores de pesquisa para fornecer uma pesquisa personalizada aos utilizadores.

Estas técnicas de classificação de páginas Web podem ser alargadas para se adequarem a quaisquer sistemas de recuperação de informação, como sistemas de gestão de bibliotecas, catálogos de produtos, sistemas de recuperação de informação personalizada, sistemas de deteção de falhas, motores de busca, aplicações de comércio eletrónico, sítios de leilões electrónicos, etc.

REFERÊNCIAS

1. Abdallah, TA & Iglesia, BDL 2014, 'Classificação de páginas Web com base no URL with n-gram language models", Proceedings of the sixth International Joint Conference on Knowledge Discovery, Knowledge Engineering and Knowledge Management (IC3K), Roma, Itália, vol. 553, pp. 19-33.

2. Aghdam, MH, Aghaee, NG & Basiri, ME 2009, 'Seleção de caraterísticas de texto utilizando
ant colony optimization", Expert Systems with Application, vol. 36, pp. 6843-6853.

3. Aha, D & Kibler, D 1991, 'Instance-based learning algorithms', Machine
Aprendizagem, vol. 6, pp. 37-66.

4. Alhutaish, R & Omar, N 2015, "Classificação de textos em árabe utilizando
k-nearest neighbor algorithm", International Arab Journal of Information Technology, vol. 12, no. 2, pp. 190-195.

5. Almuallim, H & Dietterich, TG 1994, 'Aprendizagem de conceitos booleanos na
presença de muitas caraterísticas irrelevantes", Artificial Intelligence, vol. 69, n.º 1-2, pp. 279-305.

6. Attardi, G, Gullì, A & Sebastiani, F 1999, 'Página Web automática
categorization by link and context analysis", Actas do primeiro Simpósio Europeu de Telemática (THAI-99), Hipermédia e Inteligência Artificial, pp. 105-119.

7. Awad, WA 2012, "Algoritmos de aprendizagem automática na classificação de páginas Web",
International Journal of Computer Science and Information Technology (IJCSIT), vol. 4, no. 5, pp. 93-101.

8. Ba-Alwi, FM & Albared, M 2016, "Experiências sobre a utilização de máquinas
aprendizagem de métodos de classificação na   filtragem de textos sobre criminalidade em linha e
classification", British Journal of Applied Science & Technology, vol. 12, no. 5, pp. 1-12.

9. Bartik, V 2010, "Classificação de páginas Web baseada em texto com recurso a
information", Actas da Conferência Internacional de 2010 sobre os avanços na análise e exploração de redes sociais, IEEE Computer Society Washington, DC, EUA, pp. 416-420.

10. Barzilay, O & Brailovsky, VL 1999, 'On domain knowledge and feature selection using a support vetor machine', Pattern Recognition Letters, vol. 20, pp. 475-484.

11. Bidgoli, AM & Parsa, MN 2012, 'A hybrid feature selection by re-sampling, chi squared and consistency evaluation techniques', International Journal of Computer, Electrical, Automation, Control and Information Engineering, World Academy of Science, Engineering and Technology, vol. 6, no. 8, pp. 957-966.

12. Bollegala, D, Matsuo, Y & Ishizuka, MA 2011, 'Web search engine-based approach to measure semantic similarity between words', IEEE Transactions on Knowledge and Data Engineering, vol. 23, no. 7, pp. 977-990.

13. Boser, BE, Guyon, I & Vapnik, V 1992, 'A training algorithm for optimal margin classifiers', Proceedings of the fifth annual workshop on computational learning theory, ACM Press, pp. 144-152.

14. Bouckaert, RR 2004, 'Bayesian networks in Weka', Relatório Técnico, Departamento de

Informática, Universidade de Waikato (http: //www.cs. waikato.ac.nz/~remco/weka.pdf).

15. Bouckaert, RR, Frank, E, Hall, M, Kirkby, R, Reutemann, P, Seewald, A & Scuse, D 2011, 'WEKA manual for version 3-6-5', Universidade de Waikato, Hamilton, Nova Zelândia, pp. 1-303 (http://www.capri-model.org/docs/ WekaManual-3-6-5.pdf).

16. Breiman, L 2001, "Random Forests", Machine Learning, vol. 45, no. 1, pp. 5 32.

17. Brownlee, J 2013, "A tour of machine learning algorithms", Machine Learning Mastery.

18. Castiglione, A, Santis, AD & Soriente, C 2010, "Security and privacy issues in the portable document format", Journal of Systems and Software, vol. 83, n.º 10, pp. 1813-1822.

19. Catak, FO 2015, 'Genetic algorithm based feature selection in high dimensional text dataset classification', WSEAS Transactions on Information Science and Applications, vol. 12, no. 28, pp. 290-296.

20. Cessie, SL & Van Houwelingen, JC 1992, 'Ridge estimators in logistic regression', Applied Statistics, vol. 41, no. 1, pp. 191-201.

21. Chakrabarti, S 2002, Mining the Web-Discovering Knowledge from Hypertext Data, 1 Edition, Morgan Kaufmann Publishers.

22. Chang CC & Lin CJ 2011, "LIBSVM: A library for support vetor machines", ACM Transactions on Intelligent Systems and Technology, vol. 2, no. 3, pp. 1-27.

23. Chang, CC & Lin, CJ 2001, 'LIBSVM - A Library for Support Vetor Machines' (http: //www.csie.ntu.edu.tw/~cjlin/libsvm/).

24. Chen, K & Liu, H 1999, 'Towards an evolutionary algorithm: comparison of two feature selection algorithms', Proceedings in congress on evolutionary computation, July 6-9, Washington D.C, USA, pp. 1309-1313.

25. Chen, MS, Han, J & Yu, PS 1996, "Extração de dados: An overview from a database perspective", IEEE Transactions on Knowledge and Data Engineering, vol. 8, pp. 866-883.

26. Chen, RC & Hsieh, CH 2006, 'Web page classification based on a support vetor machine using a weighted vote schema', Expert Systems with Applications, vol. 31, pp. 427-435.

27. Chen, W, Du, Y, Zhang, P & Han, B 2010, 'The effective classification of the Chinese Web pages based on KNN', Journal of Computational Information Systems, vol. 6, no. 9, pp. 2925-2932.

28. Choi, B & Yao, Z 2005, 'Web page classification', Foundations and Advances in Data Mining Studies in Fuzziness and Soft Computing, Springer, pp. 221-274.

29. Choi, D, Ko, B, Kim, H & Kim, P 2014, 'Text analysis for detecting terrorism-related articles on the Web', Journal of Network and Computer Applications, vol. 38, pp. 16-21.

30. Cleary, JG & Trigg, LE 1995, 'K*: An instance-based learner using an entropic distance measure', Proceeding of the twelfth International conference on machine learning, pp. 108-114.

31. Cohen, WW 1995, "Fast effective rule induction", Proceeding of the twelfth international conference on machine learning, pp. 115-123.

32. Combarro, EF, Montanes, E, Diaz, I, Ranilla, J & Mones, R 2005, 'Introducing a family of linear measures for feature selection in text categorization', IEEE Transactions on Knowledge and Data Engineering, vol. 17, no. 9, pp. 1223-1232.

33. Cooley, R, Mobasher, B & Srivastava, J 1997, 'Web mining: information and pattern discovery on the World Wide Web', Actas da nona conferência internacional da ZEEE sobre

ferramentas com inteligência artificial, pp. 558567.

34. Cortes, C & Vapnik, V 1995, 'Support-vetor network', Machine Learning, vol. 20, pp. 273-297.

35. Craven, M, Dipasquo, D & Freitag, D 1998, 'Learning to extract symbolic knowledge from the World Wide Web', Actas da décima quinta conferência nacional da Associação Americana para a Inteligência Artificial (AAAI- 98), pp. 509-516.

36. Conjunto de dados sobre crime e política recuperados de: <http://www.nydailynews. com/crime/>, <http:// www. nydailynews.com/politics/>[05 de setembro de 2014].

37. Danilo, C & Basili, R 2010, 'Decision tree algorithm short Weka tutorial', Machine Learning for Web Mining.

38. Daroczy, B, Siklosi, D, Palovics, R & Benczur, AA 2015, 'Text classification kernels for quality prediction over the C3 dataset', International World Wide Web Conference Committee (IW3C2), May 1822, Florence, Italy, pp. 1441-1446.

39. De Jong, K 1988, "Learning with genetic algorithms: An overview", Machine Learning, Kluwer Academic publishers, vol. 3, no. 2, pp. 121-138.

40. Desikan, P, Srivastava, J, Kumar, V & Tan, PN 2002, 'Hyperlink analysis techniques & applications', Relatório técnico 2002-152, Army High Performance Computing Research Center.

41. Dong, L, Frank, E & Kramer, S 2005, 'Ensembles of balanced nested dichotomies for multi-class problems', Actas da nona Conferência Europeia de
conferência sobre Princípios e Práticas da Descoberta de Conhecimento em Bases de Dados (PKDD 2005), Springer-Verlag, Berlim, pp. 84-95.

42. Dong, SB & Yang, YM 2002, 'Hierarchical Web image classification by multi-level features', Actas da primeira conferência internacional sobre Aprendizagem Automática e Cibernética, Pequim, vol. 2, pp. 663-668.

43. Dumais, ST, Platt, J, Heckerman, D & Sahami, M 1998, 'Inductive learning algorithms and representations for text categorization', Proceding of the ACM International Conference on Information and Knowledge Management (CIKM-98), Bethesda, Maryland, USA, pp. 148-155.

44. Dunham, MH 2006, Data Mining: Introductory and Advanced Topics, 1 Edition, Pearson Education.

45. El-Manzalawy, Y & Honavar, V 2005, 'WLSVM: integrating libsvm into weka environment', software disponível em (http: //www. cs. iastate. edu/yasser/wlsvm).

46. Etzioni, O 1996, "The World-Wide Web: Quagmire or gold mine?", Communications of the ACM, vol. 39, no. 11, pp. 65-68.

47. Fayyad, U, Piatetsky-Shapiro, G, Smyth, P & Uthurusamy, R 1996,
Advances in Knowledge Discovery and Data Mining, AAAI/MIT Press.

48. Fellbaum, C 2006, WordNet(s), In: Keith Brown, (Editor-chefe)
Encyclopedia of Language & Linguistics, 2 Edition, Oxford: Elsevier, vol. 13, pp. 665-670.

49. Forman, G 2003, "An extensive empirical study of feature selection metrics for text classification", Journal of Machine Learning Research, vol. 3, pp. 1289-1305.

50. Frank, E & Kramer, S 2004, 'Ensembles of nested dichotomies for multiclass problems', Actas da vigésima primeira Conferência Internacional sobre Aprendizagem Automática (ICML), ACM Press, pp. 305-312.

51. Frank, E & Witten, IH 1998, 'Generating accurate rule sets without global optimization', Proceeding of the fifteenth International Conference on Machine Learning (ICML), pp. 144-151.

52. Frank, E, Holmes, G, Kirkby, R & Hall, M 2002, 'Racing committees for large datasets', Proceedings of the fifth international conference on discovery science, pp. 153-164.

53. Frawley, WJ, Piatetsky-Shapiro, G & Matheus, CJ 1991, 'Knowledge discovery in databases: An overview", Knowledge Discovery in Databases, AAAI/MIT Press, pp. 1-27.

54. Freund, Y & Schapire, RE 1998, 'Large margin classification using the perceptron algorithm', Proceeding of the eleventh Annual Conference on Computational Learning Theory, New York, pp. 209-217.

55. Gama, J 2004, 'Functional trees', Machine Learning, vol. 55, no. 3, pp. 219-250.

56. Ghareb, AS, Hamdan, AR & Bakar, AA 2014, 'Integrating noun-based feature ranking and selection methods with Arabic text associative classification approach', Arabian Journal for Science and Engineering, vol. 39, no. 11, pp. 7807-7822.

57. Ghiassi, M, Olschimke, M, Moon, B & Arnaudo, P 2012, 'Automated text classification using a dynamic artificial neural network model', Expert Systems with Applications, vol. 39, pp. 10967-10976.

58. Goldberg, DE 1989, Genetic Algorithms in Search, Optimization and Aprendizagem automática, Addison-Wesley.

59. Goller, C, Loning, J, Will, T & Wolff, W 2000, 'Documento automático classification: A thorough evaluation of various methods", International Symposiums for Informationswissenschaft, pp. 145-161.

60. Guo, X, Sun, H, Zhou, T, Wang, L, Qu, Z & Zang, J 2015, 'SAW classification algorithm for Chinese text classification', Sustainability, vol. 7, no. 3, pp. 2338-2352.

61. Guyon, I & Elisseeff, A 2003, 'An introduction to variable and feature selection', Journal of Machine Learning Research, vol. 3, pp. 1157-1182.

62. Hall, M & Frank, E 2008, 'Combining naïve bayes and decision tables', Actas da vigésima primeira Conferência da Sociedade de Inteligência Artificial da Florida (FLAIRS), pp. 318-319.

63. Hall, MA & Holmes, G 2003, 'Benchmarking attributes selection techniques for discrete class data mining', IEEE Transactions on Knowledge and Data Engineering, vol. 15, no. 6, pp. 1437-1447.

64. Han, J & Kamber, M 2006, Data Mining: Concepts and Techniques, 2 Edition, Morgan Kaufmann.

65. Holden, N & Freitas, AA 2004, 'Web page classification with an ant colony algorithm', Proceedings of the parallel problem solving from nature, LNCS 3242, Springer, pp. 1092-1102.

66. Holland, JH 1975, Adaptation in Natural and Artificial Systems, University of Michigan Press (reimpresso em 1992 pela MIT Press, Cambridge, MA).

67. Htwe, T 2010, 'Cleaning various noise patterns in Web pages for Web data', International Journal of Network and Mobile Technologies, vol. 1, no. 2, pp. 74-80.

68. Hwang, M, Kim, P & Choi, D 2011, 'Information retrieval techniques to grasp user intention in pervasive computing environments', Proceedings of the Innovative Mobile and

Internet Services in ubiquitous computing (IMIS), pp. 186-191.

69. Imielinski, T & Mannila, H 1996, 'A database perspective on knowledge discovery', Communications of the ACM, vol. 39, pp. 58-64.

70. Indra Devi, M, Selvakuberan, K, Rajaram, R 2008, "Generating best features for Web page classification", Webology, vol. 5, n.º 1, artigo 52.

71. Indra Devi, M, Selvakuberan, K, Rajaram, R 2009, "Resource optimization in automatic Web page classification using integrated feature selection and machine learning", International Arab Journal of e-Technology, vol. 1, no. 1, pp. 1-10.

72. Jaccard, P 1901, "Etude comparative de la distribution florale dans une portion des Alpes et des Jura", Bulletin de la Société Vaudoise des Sciences Naturelles, vol. 37, pp. 547-579.

73. Joachims, T 1998, 'Text categorization with support vetor machines: learning with many relevant features', Proceedings of the tenth European Conference on Machine Learning (ECML 1998), Lecture Notes in Computer Science, Springer, Berlin, vol. 1398, pp. 137-142.

74. John, GH & Langley, P 1995, 'Estimating continuous distributions in bayesian classifiers', Eleventh conference on uncertainty in artificial intelligence, San Mateo, pp. 338-345.

75. John, GH, Kohavi, R & Peger, K 1994, 'Irrelevant feature and the subset selection problem in machine learning', Proceedings of the eleventh international conference, Morgan Kaufmann Publisher, San Francisco, CA, pp. 121-129.

76. Jolliffe, IT 1986, Principal Component Analysis, Springer-Verlag, Nova Iorque.

77. Jones, KS 1972, 'A statistical interpretation of term specificity and its application in retrieval', Journal of Documentation, vol. 28, no. 1, pp. 11-20.

78. Kaur, P & Kaur, R 2014, 'An optimized approach for feature selection using membrane computing to classify Web pages', International Journal of Current Engineering and Technology, vol. 4, no. 5, pp. 3579-3584.

79. Kaur, P 2014, "Web content classification", International Journal of Computer Trends and Technology (IJCTT), vol. 10, no. 2, pp. 97-101.

80. Kenekayoro, P, Buckley, K & Thelwall, M 2014, 'Automatic classification of academic Web page types', Scientometrics, Springer, vol. 101, no. 2, pp. 1015-1026.

81. Kim, S & Zhang, B 2003, 'Genetic mining of HTML structures for effective Web-document retrieval', Applied Intelligence, vol. 18, no. 3, pp. 243-256.

82. Kira, K & Rendell, LA 1992, 'The feature selection problem: Traditional methods and a new algorithm', Proceedings of the ninth national conference on artificial intelligence, AAAI Press/The MIT Press, pp. 129-134.

83. Kohavi, R 1995, "The power of decision tables", Actas da oitava conferência europeia sobre aprendizagem automática, pp. 174-189.

84. Kong, H, Hwang, M & Kim, P 2005, 'A new methodology for merging the heterogeneous domain ontologies based on the WordNet', Proceedings of the next generation Web services practices, pp. 22-26.

85. Krishnapuram, B, Harternink, AJ, Carin, L & Figueiredo, MAT 2004, 'A bayesian approach to joint feature selection and classifier design', IEEE Transactions on Pattern Analysis and Machine Intelligence, vol. 26, n.º 9, pp. 1105-1111.

86. Landwehr, N, Hall, M & Frank, E 2005, 'Logistic model trees', Machine Learning, vol.

59, no. 1, pp. 161-205.

87. Leela Devi, B & Sankar, A 2015, 'Feature selection for Web page classification using swarm optimization', International Journal of Computer, Control, Quantum and Information Engineering, vol. 9, no. 1, pp. 340-346.

88. Lewis, DD & Ringuette, MA 1994, 'Comparison of two learning algorithms for text categorization', Proceedings of the third annual symposium on document analysis and information retrieval, vol. 3, pp. 81-94.

89. Li, R & Guo, X 2010, "An improved algorithm to term weighting in text classification", Actas da Conferência Internacional sobre Tecnologia Multimédia (ICMT), pp. 1-3.

90. Li, Y, Luo, C & Chung, SM 2008, 'Text clustering with feature selection by using statistical data', IEEE Transactions on Knowledge and Data Engineering, vol. 20, no. 5, pp. 641-652.

91. Lin, KHY, Yang, C & Chen, HH 2007, 'Emotion classification of online news articles from the reader's perspective' (Classificação das emoções dos artigos noticiosos em linha na perspetiva do leitor), Procedimentos da conferência internacional sobre inteligência na Web (IEEE/WIC/ACM), pp. 275-278.

92. Liu, H & Setiono, R 1996, 'A probabilistic approach to feature selection-A filter solution', Proceeding of the thirteenth international conference on machine learning, Itália, pp. 319-327.

93. Liu, H & Setiono, R 1996, 'Feature selection and classification-A probabilistic wrapper approach', Proceedings of the ninth International Conference on Industrial & Engineering Applications of Artificial Intelligence & Expert Systems (IEA-AIE), Fukuoka, Japão, pp. 419-424.

94. Liu, H & Setiono, R 1997, 'Feature selection via discretization', IEEE Transactions on Knowledge and Data Engineering, vol. 9, no. 4, pp. 642-645.

95. Liu, H & Yu, L 2005, 'Toward integrating feature selection algorithm for classification and clustering', IEEE Transactions on Knowledge and Data Engineering, vol. 17, no. 4, pp. 491-502.

96. Liu, J, Sun, H & Ding, Z 2015, 'An efficient Webpage classification algorithm based on LSH', Intelligent Computation in Big Data Era, Communications in Computer and Information Science, vol. 503, pp. 250-257.

97. Loia, V, Mattiucci, M, Senatore, S & Veniero, M 2009, 'Computer crime investigation by means of fuzzy semantic maps', Web Intelligence and Intelligent Agent Technologies, vol. 3, pp. 183-186.

98. Lu, H, Sung, SY & Lu, Y 1996, 'On preprocessing data for effective classification', Proceedings of the ACM SIGMOD '96 Workshop on research issues on data mining and knowledge discovery, Montreal, Canada.

99. Madhubala, P & Murugesan, K 2015, 'Web page classification using SVM and FURIA', Research Journal of Applied Sciences, Engineering and Technology, vol. 9, no. 7, pp. 512-518.

100. Manchanda, P, Gupta, S & Bhatia KK 2012, 'On the automated classification of Web pages using artificial neural network', IOSR Journal of Computer Engineering (IOSRJCE), vol. 4, no. 1, pp. 20-25.

101. Materna, J 2008, "Automatic Web page classification", Proceedings of the Recent Advances in Slavonic Natural Language Processing (RASLAN), pp. 84-93.

102. McCallum, A & Nigam, K 1998, 'A comparison of event models for naive bayes text classification', Proceeding of the AAAI-98 Workshop on learning for text categorization, pp. 41-48.

103. Meena, MJ, Chandran, KR, Karthik, A & Samuel, AV 2012, 'An enhanced ACO algorithm to select features for text categorization and its parallelization', Expert Systems with Applications, vol. 39, no. 5, pp. 58615871.

104. Meshkizadeh, S & Rahmani, AM 2010, 'Classificação de páginas Web baseada no composto de utilização de caraterísticas HTML e URL e caraterísticas de páginas irmãs', International Journal of Advancements in Computing Technology, vol. 2, no. 4, pp. 36-46.

105. Miller, GA 1995, "WordNet: uma base de dados lexical para o inglês   ", Communications on the ACM, vol. 38, no. 11, pp. 39-41.

106. Mladenic, D 1998, 'Turning yahoo into an automatic Web-pageclassifier '
(Transformar o yahoo num classificador automático de páginas Web   ),
Actas da décima terceira Conferência Europeia sobre Inteligência Artificial (ECAI 98), pp. 473-474.

107. Moh, CH, Lim, EP & Ng, WK 2000, 'DTD-Miner: A tool for mining DTD from XML documents", Proceding of the International Workshop on Advance Issues of E-Commerce and Web-Based Information Systems (WECWIS), pp. 144-151.

108. Conjunto de dados ODP recuperado de: <http://www.dmoz.org> [02 de outubro de 2012].

109. Ozel, SA 2011, 'A Web page classification system based on a genetic algorithm using tagged-terms as features', Expert Systems with Applications, vol. 38, pp. 3407-3415.

110. Patil, AS & Pawar, BV 2012, "Automated classification of Web sites using naive bayesian algorithm", Actas da Conferência Internacional de Engenheiros e Cientistas Informáticos, Hong Kong, vol. 1, pp. 519-523.

111. Pavlov, D, Balasubramanyan, R, Dom, B, Kapur, S & Parikh, J 2004, 'Document preprocessing for naive bayes classification and clustering with mixture of multinomials', Proceedings of the tenth ACM SIGKDD International Conference on Knowledge Discovery and Data Mining, pp. 829-834.

112. Pierre, JM 2001, 'On the automated classification of Web sites', Linkoping Electronic Articles in Computer and Information Science, vol. 6, pp. 1-12.

113. Platt JC 1998, 'Fast training of support vetor machines using sequential minimal optimization', Proceeding of the Advances in Kernel Methods - Support Vetor Learning, MIT Press, pp. 41-65.

114. Porter, MF 1980, 'An algorithm for suffix stripping', Program: Electronic library and information systems, vol. 14, no. 3, pp. 130-137.

115. Qi, X & Davison, BD 2009, 'Web page classification: Features and algorithms", ACM Computing Surveys, vol. 41, n.º 2, artigo 12.

116. Quinlan, R 1993, C4.5: Programs for Machine Learning, Morgan Kaufmann Publishers, San Mateo, CA.

117. Rennie, JD, Shih, L, Teevan, J & Karger, DR 2003, 'Tackling the poor assumptions of naive bayes text classifiers', Actas da vigésima Conferência Internacional sobre Aprendizagem Automática (ICML), pp. 616-623.

118. Ribeiro, A, Fresno, V, Garcia-Alegre, MC & Guinea, D 2003, 'Classificação de

páginas Web: A soft computing approach", Lecture Notes in Artificial Intelligence, vol. 2663, pp. 103-112.

119.   Riboni, D 2002, 'Feature selection for Web page classification', Actas da primeira Conferência EurAsian sobre os avanços nas tecnologias da informação e da comunicação (EURASIA-ICT), Springer, Shiraz, Irão, pp. 473-478.

120.   Robertson, SE & Sparck-Jones, K 1976, 'Relevance weighting of search terms', Journal of the American Society for Information Science, vol. 27, no. 3, pp. 129-146.

121.   Saeed, U, Sarim, M, Usmani, A, Mukhtar, A, Shaikh, AB & Raffat, SK 2015, 'Application of machine learning algorithms in crime classification and classification rule mining', Research Journal of Recent Sciences, vol. 4, no. 3, pp. 106-114.

122.   Salton, G & Buckley, C 1988, 'Term-weighting approaches in automatic text retrieval', Information Processing and Management, vol. 24, no. 5, pp. 513 523.

123.   Salzberg, S 1992, "Improving classification methods via feature selection", Relatório Técnico John Hopkins.

124.   Samarawickrama, S & Jayaratne, L 2011, 'Automatic text classification and focused crawling', Procedimentos da sexta Conferência Internacional sobre Gestão da Informação Digital (ICDIM), pp. 143-148.

125.   Sangeetha, R & Kalpana, B 2011, 'Performance evaluation of kernels in multiclass support vetor machines', International Journal of Soft Computing and Engineering, vol. 1, no. 5, pp. 138-145.

126.   Sarac, E & Ozel, SA 2014, 'An ant colony optimization based feature selection for Web page classification', The Scientific World Journal, pp. 116.

127.   Sebastiani, F 2002, 'Machine learning in automated text categorization', ACM Computing Surveys, vol. 34, no. 1, pp. 1-47.

128.   Selamat, A & Omatu, S 2004, 'Web page feature selection and classification using neural networks', Information Sciences, vol. 158, pp. 69-88.

129.   Sharma, A & Paliwal, KK 2012, 'A gene selection algorithm using bayesian classification approach', American Journal of Applied Sciences, vol. 9, no. 1, pp. 127-131.

130.   Shibu, S, Vishwakarma, A & Bhargava, N 2010, 'A combination approach for Web page classification using page rank and feature selection technique', International Journal of Computer Theory and Engineering, vol. 2, no. 6, pp. 1793-8201.

131.   Singthongchai, J & Niwattanakul, S 2013, 'Method for measuring keywords similarity by applying Jaccard's, N-Gram and vetor space', Lecture Notes on Information Theory, Engineering and Technology Publishing, vol. 1, no. 4, pp. 159-154.

132.   Conjunto de dados sobre desporto obtido de:<http://www.dmoz.org/sports/> [05 de setembro de 2014].

133.   Srivastava, J, Cooley, R, Deshpande, M & Tan, PN 2000, 'Web usage mining: Discovery and applications of usage patterns from Web data", SIGKDD Explorations, vol. 1, no. 2, pp. 12-23.

134.   Srivastava, J, Desikan, P & Kumar, V 2004, 'Web mining-Concepts, application and research direction', capítulo 3, pp. 51-71.

135.   Sumner, M, Frank, E & Hall, M 2005, 'Speeding up logistic model tree induction', Proceding of the ninth European conference on principles and practice of knowledge discovery in databases, Springer-Verlag Berlin, Heidelberg, pp. 675-683.

136. Tan, CP, Lim, KS & Lai, WK 2008, "Redução de caraterísticas multidimensionais de consistency subset evaluator on unsupervised expectation maximization classifier for imaging surveillance application", International Journal of Image Processing, vol. 2, no. 1, pp. 18-26.

137. Tan, J 2015, 'An improved approach to term weighting in hierarchical Web page classification', Journal of Software, vol. 10, no. 1, pp. 1-8.

138. Conjunto de dados de terror extraído de:<http://www.nytimes.com/terror/> [05 de setembro de 2014].

139. Trotman, A 2005, 'Choosing document structure weights', Information Processing & Management, vol. 41, no. 2, pp. 243-264.

140. Uysal, AK & Gunal, S 2014, 'The impact of preprocessing on text classification' (O impacto do pré-processamento na classificação de textos), Information Processing and Management, vol. 50, pp. 104-112.

141. Vafaie, H & De Jong, K 1993, 'Robust feature selection algorithms', Proceedings of the fifth international conference on tools with artificial intelligence, Boston, IEEE Computer Society Press, pp. 356-363.

142. Vaghela, S, Chaudhary, MB & Chauhan, D 2014, 'Web page classification using term frequency', International Journal for Technological Research in Engineering, vol. 1, no. 9, pp. 949-954.

143. Van Rijsbergen, CJ 1979, Information Retrieval, 2 Edition, Butterworths, London.

144. Vapnik, VN 1995, The Nature of Statistical Learning Theory, Springer Verlag, Heidelberg.

145. Wakaki, T, Itakura, H, Tamura, M, Motoda, H & Washio, T 2006, "A study on rough set-aided feature selection for automatic Web page classification", Web Intelligence and Agent Systems: An International Journal, vol. 4, pp. 431-441.

146. Wang, K & Liu, H 1998, 'Discovering typical structures of documents: A road map approach", Proceeding of the twenty-first annual international ACM SIGIR conference on research and development in information retrieval, pp. 146-154.

147.

148. Conjunto de dados WebKB obtido em: <http://www.cs.cmu.edu/~ Webkb> [02 de outubro de 2012].

149. Witten, IH & Frank, E 2005, Data Mining: Practical Machine Learning Tools and Techniques, 2 Edition, Morgan Kaufmann, San Francisco.

150. Wold, S, Esbensen, K & Glade, P 1987, "Principal components analysis", Chemo metrics and Intelligent Laboratory System, vol. 2, pp. 37-52.

151. Wu, X, Kumar, V, Ross, QJ, Ghosh, J, Yang, Q, Motoda, H, McLachlan, GJ, Ng, A, Liu, B, Yu, PS, Zhou, ZH, Steinbach, M, Hand, DJ & Steinberg, D 2008, 'Top 10 algorithms in data mining', Knowledge Information System, Springer-Verlag, vol. 14, pp. 1-37.

152. Yang, HC & Lee, CH 2004, 'A text mining approach on automatic generation of Web diretories and hierarchies', Expert Systems with Applications, vol. 27, no. 4, pp. 645-663.

153. Yang, Y & Pederson, JO 1997, 'A comparative study of feature selection in text categorization', Proceedings of the fourteenth International Conference on Machine Learning (ICML'97), pp. 412-420.

154. Yu, B, Xu, Z & Li, C 2008, 'Latent semantic analysis for text categorization using

neural network', Knowledge-Based Systems, vol. 21, no. 8, pp. 900904.

155.   Yu, L & Liu, H 2003, 'Feature selection for high dimensional data: A fast correlation-based filter solution", Actas da vigésima Conferência Internacional sobre Aprendizagem Automática (ICML-2003), Washington DC, pp. 856863.

156.   Yu, L, Ye, J & Liu, H 2006, 'Dimensionality reduction for data mining techniques, applications and trends'.

157.   Zahedi, M & Sorkhi, AG 2013, 'Improving text classification performance using PCA and recall-precision criteria', Arabian Journal for Science and Engineering, vol. 38, no. 8, pp. 2095-2102.

158.   Zhao, Z, Morstatter, F, Sharma, S, Alelyani, S, Anand, A & Liu, H 2010, 'Advancing feature selection research - ASU feature selection repository',
Relatório técnico, Computer Science & Engineering, Arizona State University.

159.   Zhao, Z, Wang, L, Liu, H & Ye, J 2013, 'On similarity preserving feature selection', IEEE Transactions on Knowledge and Data Engineering, vol. 25, no. 3, pp. 619-632.

160.   Zheng, Z, Srihari, R & Srihari, S 2003, 'A feature selection framework for text filtering', Proceding of the third IEEE International Conference on Data Mining (ICDM), pp. 705-708.

161.   Zhong, S 2011, 'Web page classification using an ensemble of support vetor machine classifiers', Journal of Networks, vol. 6, no. 11, pp. 1625-1630.

Printed by Books on Demand GmbH, Norderstedt / Germany